O JOGO DE BÚZIOS
O ORÁCULO DOS ORIXÁS

MONICA BUONFIGLIO

O JOGO DE BÚZIOS
O ORÁCULO DOS ORIXÁS

ALFABETO

Publicado em 2022 pela Editora Alfabeto

Supervisão geral: Edmilson Duran
Capa: Alex Picoli
Diagramação: Décio Lopes
Ilustrações: Márcio Heider
Preparação e Revisão: Luciana Papale

DADOS INTERNACIONAIS DE CATALOGAÇÃO NA PUBLICAÇÃO

Buonfiglio, Monica

O Jogo de Búzios / Monica Buonfiglio. Editora Alfabeto. 1ª edição. São Paulo, 2022.

ISBN: 978-65-87905-33-4

1. Candomblé   2. Oráculo   3. Religião Afro   I. Título.

Todos os direitos reservados. Proibida a reprodução total ou parcial desta obra sem a expressa autorização por escrito da editora, seja quais forem os meios empregados, com exceção de resenhas literárias que podem reproduzir algumas partes do livro, desde que citada a fonte.

EDITORA ALFABETO
Rua Protocolo, 394 | CEP 04254-030 | São Paulo/SP
Tel: (11) 2351-4168 | E-mail: editorial@editoraalfabeto.com.br
Loja Virtual: www.editoraalfabeto.com.br

Sumário

Apresentação 7

O Búzio e os Orixás. 11

Origem do Candomblé. 15

A Força dos Tambores. 19

Hierarquia dos Orixás. 21

Ritual de Iniciação. 25

Candomblé Light 32

Histórias dos Orixás 33

Oráculo e Adivinhação. 83

O Jogo de Búzios 89

O que é importante saber 91

Cores dos Orixás 93

Mandala de Búzios. 95

Assentamento Oxetuá. .96

Identificando o Orixá de cabeça 99

Personalidade dos Orixás em relação aos dias. . . .100

Como descobrir os três Orixás protetores 101

Preparando-se para consulta 108

Ritual para consagrar as argolas e os búzios. 109

A Jogada 113

   Orixás que respondem às caídas dos búzios 115

      Jogando com quatros búzios abertos. 117

      Jogando com dezesseis búzios abertos 119

      Outro tipo de jogada 126

Resultado dos búzios nas argolas 129

As dez dúvidas mais comuns. .177

   Glossário. 183

   Bibliografia 189

Apresentação

Publicado originalmente em 1989, este livro, agora revisto e atualizado, traz ao conhecimento dos leitores um dos mais impenetráveis oráculos do mundo.

No *Tarô dos Orixás*, de minha autoria e publicado pela Editora Alfabeto, com belíssimas cartas, eu contei um pouco de minha história que repito aqui, nesta apresentação, acreditando que o princípio de tudo deve ser sempre eternizado.

A minha primeira experiência com os oráculos aconteceu aos dez anos de idade. Eu costumava brincar de fazer previsões para meus amigos com quatro pedrinhas comuns, lançadas a esmo. Um ano depois, ganhei um colar confeccionado com vários búzios e fui buscar conhecer mais sobre o Jogo de Búzios. Foi quando minha criatividade despertou ainda mais. Li muito sobre o assunto e então comprei miçangas de várias cores para montar as argolas dos Orixás, aperfeiçoando um método de leitura que eu mesma havia criado, intuitivamente.

Continuei minhas buscas, fui conhecer a Umbanda e decidi desenvolver minha mediunidade. Acabei abrindo um centro de Umbanda nos fundos da casa dos meus pais.

Após assistir a uma apresentação folclórica sobre os Orixás, mostrei para Raquel Trindade, a idealizadora do grupo, o meu Jogo de Búzios, foi quando ela me aconselhou a procurar um Terreiro de Candomblé e seguir os rituais de iniciação, tornando-me, assim, uma iniciada aos dezoito anos de idade.

Eu discordava de alguns aspectos da prática do Candomblé, principalmente quanto ao sacrifício de animais no culto. Os Orixás são como anjos da natureza, e não faz o menor sentido matar qualquer ser como forma de despertar seu *axé* (força). Por isso, para a prática do Jogo de Búzios, que considero esotérico ou espiritualista, não existe a necessidade dos ritos realizados no culto. Eu também discordava da postura de alguns sacerdotes, que visavam apenas ganhos financeiros, explorando a boa-fé das pessoas.

Na minha caminhada inicial muitos demonstraram má vontade em me ensinar os "segredos" do Jogo de Búzios, afirmando que, segundo a tradição, somente os pais ou mães de santo poderiam aprender a manuseá-lo e, mesmo assim, depois de um longo e fragmentado aprendizado. Eu só poderia receber a autorização da prática do jogo depois de sete anos da minha "feitura", o que para mim foi um paradoxo, pois fui encaminhada ao culto exatamente por ter, sozinha, aprendido a jogá-lo.

Viajei para a Bahia, Salvador, e procurei a pessoa que na época era a maior autoridade no assunto, a fabulosa "Mãe Menininha do Gantois" que, mesmo adoentada, apontou-me o caminho. Ela disse que eu deveria seguir a minha intuição e dar continuidade no meu trabalho com conhecimentos adquiridos por mim mesma, já que esta é uma das características de Logun-Edé (ou Logunedé), meu Orixá de cabeça.

A partir de então, passei a colecionar livros sobre o assunto, ampliando minhas pesquisas também para outros oráculos. Eu cursava a faculdade de Direito pela manhã, à tarde atendia às consultas de búzios e à noite assistia às aulas de iorubá ministradas pelo mestre Toyin, um nigeriano que muito me ensinou.

Meu trabalho cresceu e eu pude ministrar o primeiro curso de Orixás e Jogo de Búzios do Brasil para pessoas não adeptas ao Candomblé, e recebi o convite de uma emissora de televisão para apresentar um quadro diário e ao vivo de consultas aos oráculos, o que me proporcionou levar este assunto ao conhecimento do grande público, muito importante para nosso cultura e prática religiosa.

Atualmente, dedico-me a escrever e ministro cursos e palestras sobre os mais variados temas espiritualistas, passando adiante os conhecimentos que me foram negados.

Nesta obra, pretendo mostrar a todos que não é necessário pertencer a qualquer culto, seita ou filosofia para usufruir da sabedoria deste rico oráculo que é o Jogo de Búzios. Por este motivo, criei a denominação "búzios esotéricos" para que não haja nenhuma aura de preconceito em torno da ideia.

Este livro é utilizado como fonte de referência da cultura divinatória afro-brasileira, não apenas no Brasil, mas em outros países, em escolas, centros de Umbanda e Candomblé, religiosos ou não, cuja única intenção é entrar em contato com esse universo divino.

Convido você a conhecer ou a aprimorar comigo aquilo que já conhece.

O BÚZIO E OS ORIXÁS

Existem várias definições a respeito dos Orixás. A maioria coincide em alguns pontos básicos, o que nos permite afirmar, de maneira resumida, que os Orixás são divindades (*ori*, cabeça, e *xá*, força) intermediárias entre o Deus Supremo (Olorum) e o mundo terrestre, encarregadas de administrar a criação e que se comunicam com os homens através de rituais complexos.

Orixás interferem na vida e no destino dos seres humanos com certa simplicidade. É comum ouvir em Terreiros de Umbanda ou de Candomblé frases como esta: "Eu sou deste jeito, porque sou filha de Iansã, se minha mãe é guerreira e briguenta, também sou".

Sua simbologia é representada por duas formas côncavas sobrepostas, lembrando duas conchas, que representam a origem do Planeta. Em algumas versões, as conchas aparecem lacradas pelo ouroboros (a serpente que morde a própria cauda, símbolo da reabsorção cíclica e da transmutação perpétua). Os materiais usados na confecção desse símbolo eram o marfim, esculpido com grande delicadeza, e por vezes também o granito e o quartzo. Caso houvesse dificuldade em encontrá-los, trabalhavam com a madeira.

O antropólogo Leo Frobenius (1873-1938) considera que a religião dos iorubanos teve sua origem na Pérsia, passou pela Palestina e seguiu o curso do Nilo, tendo chegado ao Sudão e à Nigéria para se desenvolver especialmente entre os Haussas, uma tribo do norte da Nigéria.

Para Pierre Verger, "os Orixás são caprichosos, amam, odeiam, beneficiam, castigam ou curam, de acordo com sua natureza. Têm cores, danças, comidas e animais de sua predileção".

Os Orixás podem ser considerados como os patronos da ecologia. Eles fazem parte da própria natureza e dos elementos que a compõem (Terra, Água, Fogo, Ar e Éter). É nosso dever respeitar e conservar seu hábitat para nosso próprio benefício e de futuras gerações, mantendo a terra produtiva, sem agrotóxicos, a água potável e o ar puro, sem poluentes, além de outros elementos preservados.

Tente compreender desta forma: a força de Ogum é proveniente do ferro, a de Oxóssi e de Ossaim, da floresta e dos animais, a de Xangô, das rochas, a de Oxum, das águas doces, e assim por diante.

As histórias sobre os Orixás falam de seres profundamente humanos. Alguns pesquisadores dizem que esses Orixás viveram realmente na Terra, foram pessoas com intensa força xamânica, respeitadas pela comunidade, cujos comportamentos e arquétipos encontram correspondência em várias mitologias, entre elas, a greco-romana, a hinduísta (Índia) e a escandinava.

Origem do Candomblé

Com a miscigenação dos negros vindos de diversos lugares, com diferentes religiões e credos, todo um "mundo novo" e místico nasceu na Bahia, surgindo, então o Candomblé (casa onde batem os pés).

O Candomblé pode ser considerado tipicamente brasileiro. O culto a um Orixá era restrito a uma determinada cidade na Nigéria. Por exemplo, o culto a Oxum tinha lugar na cidade de Oxogbo, o de Ogum em Ifé, o de Xangô em Kossô, etc.

Muitas vezes um povo não conhecia o Orixá de outra cidade devido a distância. Aqui no Brasil, o cativeiro e a troca de informações fizeram com que o negro condensasse todas as lendas dos deuses, danças e cultos em uma só religião. É por isso que existem muitas contradições e divergências de um Terreiro de Candomblé para outro, já que as informações eram passadas oralmente.

Durante o tráfico negreiro e posteriormente nas Casas Grandes e suas senzalas, não havia restrições ao culto dos Orixás por parte dos senhores. Mas entre os negros, observavam-se diferenças e divergências; para não haver conflito, cada um relatava sobre seu culto e os animais consagrados ao seu deus, ocorrendo um processo de aculturação.

Segundo o pesquisador francês Pierre Verger, "o culto aos Orixás está diretamente ligado à noção de família. Uma alusão à uma família numerosa, originária do mesmo antepassado, englobando os vivos e os mortos. O Orixá seria a princípio um ancestral divinizado que, em vida, garantia o controle sobre certas forças da natureza, como o vento, a chuva, as águas doces ou salgadas, assegurando a seus descendentes a possibilidade de exercer certas atividades como a caça, o trabalho com os metais ou adquirir conhecimentos sobre as propriedades das plantas e sua utilização."

No Brasil, devido à diáspora negra, os Orixás assumem uma posição que assegura a proteção de cada um na sociedade. O Orixá é a força pura, o *axé* imaterial que só pode ser perceptível aos seres humanos quando existe afinidade com os deuses.

Se você perguntar a um nigeriano: "Qual é o meu Orixá?" Ele responderá: "Aquele que você mais gostar."

O contato com o Orixá deve envolver a simpatia e a afinidade. A escolha do Orixá no Brasil é feita pelo pai ou pela mãe-de-santo, por isso o iniciado recebe o nome de filho-de-santo ou *iaô*.

Torna-se possível, assim, a vibração do Orixá voltar à Terra unido com a força dos elementos da natureza e com os elementos do corpo do escolhido. O Orixá então é homenageado e recebe provas de respeito dos participantes.

Em termos antropológicos, o Orixá de cada um é definido a partir da predominância de um determinado elemento, associado à composição do seu corpo e características psicológicas mais acentuadas, dando oportunidade de associação com arquétipos dos deuses.

Freud usou a mitologia grega para enriquecer o estudo da psiquiatria; os brasileiros aprenderam com a cultura dos deuses nagôs e de outros povos africanos. No Brasil, cada indivíduo possui vários Orixás. Um deles é o mais importante; é o que tem afinidade com seu *animus/anima* (personalidade masculina/feminina ou vice-versa), o que provocaria a crise de possessão/irradiação.

Os outros Orixás são mais discretos e assentados, isto é, acalmados, transferindo seu *axé* a recipientes contendo apetrechos e vários símbolos mágicos considerados sagrados aos deuses.

Estes apetrechos contidos na vasilha servem de para-raios e proteção contra determinados fins. Por exemplo, é comum no assentamento do Orixá Ogum verificar a presença de metais, armas de fogo, balas de revólver, pregos de trem, que servem para que o *iaô* não tenha problemas dessa ordem; e assim por diante. O *juntó* (conjunto de forças dos Orixás do *elegum*), influência de modo indireto a construção do arquétipo e a personalidade do indivíduo. O caráter pessoal de cada um resulta da combinação e do equilíbrio que se estabelecem entre esses elementos da natureza, adaptando-se à sua personalidade.

Conhecendo seus deuses principais e seus mitos, o iniciado entende o porquê de várias etapas e acontecimentos em sua vida. É importante conhecer algumas lendas para a identificação com os mitos e transferi-las para o dia a dia.

Em síntese, o Orixá prescreve a personalidade e não a sexualidade dos adeptos de sua seita. A maioria dos negros escravizados introduzidos na Bahia tomaram a denominação geral de *nagôs*, termo usado pelos franceses para denominar os escravos que falavam *nagô* (dialeto nigeriano), mais especificamente os de Keto, uma cidade africana incorporada pelos franceses de Daomé (atual Benin), que englobava parte do sudoeste da Nigéria e uma porção do lado leste de Daomé.

Os *nagôs* foram disputadíssimos no mercado brasileiro, porque eram cultos, valentes, inteligentes e, em sua maioria, descendiam de reis e rainhas. Além disso, sabiam tecer e eram peritos em trabalhos com metais.

Ninguém sabe ao certo quantos Orixás existem, partindo-se do princípio de que eles são tudo o que é vivo, ou seja, a natureza. Calcula-se que o culto aos Orixás em várias cidades (tribos) abrangeria cerca de 400 a 600 deuses.

Durante o tráfico negreiro (século 16 a 18), o culto aos Orixás ficou restrito a umas 50 divindades. Dessas, 16 tiveram mais força por serem mais invocadas, pois eram deuses guerreiros e assim sobreviveram. Não compensava ao negro em cativeiro saudar deuses da agricultura para a bonança do dono e senhor do engenho. Deuses como Odé, ligados à agricultura, que não eram reverenciados, desapareceram durante algum tempo do culto. Atualmente, estão voltando a ter força, fazendo com que pesquisadores africanos estudem esse Orixá no Brasil, pois, com a emigração dos nigerianos seu culto foi extinto também na Nigéria.

Para o tráfico, os negros que mais interessavam aos portugueses e brasileiros eram os iorubanos da cidade de Keto. Eles eram fortes, resistentes e tinham facilidade em aprender o novo idioma. Quando o fluxo de negros vindo da Nigéria foi reduzido, em vista da enorme quantidade de nativos capturados e da fuga de muitos deles para lugares próximos, os comerciantes de escravos partiram para outros países das regiões vizinhas em busca de "matéria-prima". Seu principal ponto de chegada ao Brasil era o litoral da Bahia, por isso, durante muitos anos a força do Candomblé residiu em solo baiano.

A Força dos Tambores

Os tambores têm um alto poder mágico, tocá-los, expressa a consagração espiritual. Tambores ligam os iniciados às divindades, o profano ao sagrado.

Eles representam o *Logos*: ao mesmo tempo rei, artesão, guerreiro ou caçador, como se, em uma voz múltipla, o ritmo vital da alma estivesse reunido no momento do toque.

No Brasil, especialmente nos Terreiros de Candomblé, verificamos a presença fundamental dos atabaques e dos *ogãs* – padrinhos do culto africano ou brasileiro, ou seja, homens que tocam os atabaques sagrados, cuja missão é chamar as divindades para que seus adeptos entrem em transe.

São três tambores (pequeno, médio e grande), medindo entre 70 e 80 cm de comprimento e colocados na posição horizontal sobre um cavalete. Eles passam por uma série de estágios: purificação, preparação e conservação, feitos por *ogãs*. Geralmente estão localizados ao lado do *ronkó* (quarto onde se iniciam os adeptos). Nenhum visitante pode permanecer neste local. Nos dias em que não são realizadas as festas, os atabaques são cobertos com um pano branco em sinal de respeito.

É inadmissível que um convidado toque ou improvise algum tipo de som. O cuidado tem um fundamento religioso: os sons produzidos possuem qualidades especiais, já que representam o caminho, a voz que invoca os Orixás a saírem de seu universo para incorporarem em seus adeptos, por isso são tão respeitados. Muitos acreditam que o som produzido por eles seja a própria voz das divindades.

O *ogã* não se limita apenas a produzir sons. Ele segue um ritual de iniciação que começa em torno de oito e dez anos de idade, perdurando por toda a vida.

No dia da festa, o *ogã* passa por um processo de purificação antes de tocar seu instrumento sagrado: toma um banho com ervas próprias, além de respeitar algumas proibições alimentares. Também solicita a proteção do seu Orixá, colocando diante do altar as oferendas que agradam ao seu deus pessoal.

Durante uma festa, é impossível não olhar para os *ogãs* e seus atabaques. Além dos espectadores, os iniciados também estão constantemente olhando para eles, porque, dependendo do som, entrarão em transe.

Quando o Orixá está em terra, a divindade vai até os atabaques para reverenciá-los, demonstrando seus apreços aos músicos. Dependendo do Orixá, o ritmo é acelerado e a festa chega ao auge.

Em seguida, o Orixá agradece aos *ogãs* pelos seus esforços. São eles que tem a missão de trazer os deuses africanos para o espaço mágico, tocando os tambores míticos, consequentemente, todos os frequentadores expressam um enorme respeito aos *ogãs* e seus atabaques.

Hierarquia dos Orixás

Na África

Agboile

- *Baale* – chefe que organiza a família.
- *Mogaji* – controle total dos *agboiles*; em geral, o homem mais velho.
- *Idile* – composto de dez ou mais *agboiles*: famílias com o mesmo sobrenome.
- *Ipade idile* – representa o encontro das famílias de uma mesma região.

Adugbo – composto por vários *agboiles*

- *Oloye adúgbo* – representa o governante do bairro; está incumbido de levar a mensagem do rei.

Ileto – pequena cidade, composta de vários *adugbos* (bairros).

- *Baale Ileto* – o nome do representante, uma espécie de responsável por todos os bairros.

Ilu – composto de dez ou mais *iletos*.

Organização do palácio na África

- *Obá* – rei.
- *Apero Obá* (*boba pero*) – grupo de sete conselheiros que acordam o rei.
- *Iwarafa* – poderosos conselheiros; não mais do que sete.
- *Onifa* – o que joga para prevenir.
- *Ameeku* – líder dos onifas.
- *Babalawô* – o feiticeiro.

- *Olori awô* – o líder dos feiticeiros.
- *Awon Ogboni* – os homens de maior conhecimento; fazem parte de uma sociedade secreta.
- *Awon Obinrin* – seita das mulheres.
- *Iyalode* – título consagrado à representante das mulheres no palácio.
- *Awon Eso* – soldados.
- *Dori Iya* – homens incumbidos de cuidar do bem-estar das princesas.
- *Awon Eya* – eunuco, homem castrado.

No Brasil

- *Iylorixá* ou *Babalorixá* – sacerdote.
- *Iya Kekeré* – substituta direta do poder.
- *Iya Laxé* – guardiã dos axés de fundamento ou segredos.
- *Iya Tabexé* ou *Tebexi* – dirigente do canto.
- *Iya Efum* – mãe-do-giz; responsável pela cerimônia do *efum*.
- *Iya Moro* – ajudante do poder.
- *Iyalossaim* – responsável em escolher ervas para o ritual.
- *Iya Bassé* – cozinheira do ritual.
- *Babalaô* – adivinho.
- *Ogã* – conselheiro administrativo, financeiro e jurídico.
- *Axogum* – sacrificador de animais.
- *Sarapernbé Ebomi* – pessoa mais velha, de confiança.
- *Ekedes* – cuidam do embelezamento da cerimônia; a crise de possessão não existe nesta categoria.
- *Iaôs* – iniciados.

- *Abiãs* – simpatizantes do culto (*bi*, "nascer").
- *Ebami* – os que respondem com mais de sete anos no culto.
- *Ajibonã* – o padrinho que leva ao caminho do nascimento.
- *Irmãos-de-esteira* – na "feitura" do Orixá, geralmente o noviço é acompanhado por duas ou mais pessoas que são consideradas seus irmãos espirituais.

Dependendo do grau de hierarquia do Orixá responsável pelo Terreiro, eles recebem os seguintes nomes:

- *Dofono*
- *Dofona*
- *Dofonitinho*
- *Dofonitinha*
- *Fomo*
- *Fomutinha*
- *Gamo*
- *Gamotinha*
- *Domo*
- *Domutinha*
- *Vito*
- *Vitutinha*

Ritual de Iniciação

Na Nigéria, na religião nagô, a iniciação (do *elegum*) é relativamente simples. Geralmente aos sete anos de idade o *elegum* já é confiado ao Orixá. Ele começa e termina a obrigação no dia consagrado ao seu deus no primeiro quarto de Lua.

O lugar da iniciação é sagrado, chamado por alguns autores de "casa da morte" (*igbo iku*, "floresta da morte") e simboliza a passagem para o além. Desde que entra, ele é obrigado a fazer abluções e tomar beberagens de diversos vegetais que contêm o *axé* do Orixá para fortificá-lo, deixando-o em estado de torpor.

Na noite que antecede o início da cerimônia, é realizado o chamado *aisum*, ou seja, o *iaô* não pode dormir e deve jejuar, bebendo apenas água; o único alimento permitido é o *obi* ou *orogbo* (um tipo de semente).

A sacerdotisa do culto, chamada "zeladora-de-santo" ou "mãe-de-santo", fica responsável quanto ao ensinamento dos preceitos, lendas, mitos e segredos para o noviço.

Quando amanhece, sabendo-se da responsabilidade do primeiro dia consagrado à preparação da "feitura de cabeça", os sacerdotes realizam as cerimônias. Uma destas é chamada de *anlodo*: o noviço é levado a um riacho onde um pano grande é mantido sobre sua cabeça, cobrindo suas partes sagradas. Enquanto isso, os atabaques acompanham a cerimônia. O grupo, dirigindo-se ao riacho, dança e canta em um ritmo próprio dos atabaques.

Os zeladores e iniciados são os únicos que têm permissão para acompanhar o noviço na floresta; os outros aguardam nas proximidades. Nesse local sagrado, o noviço é lavado com as águas do rio e embrulhado em um pano novo. O abandono das roupas velhas representa a passagem para uma nova vida.

Quando o noviço retorna da floresta, todo o grupo se dirige para o local da próxima cerimônia, chamado *afejewe*. Realiza-se, então, o batismo do *iaô*. Algumas folhas são colocadas debaixo de uma esteira, enquanto os zeladores dirigem o noviço para o local sagrado. Seus cabelos são raspados, recolhidos e embrulhados em um pano branco, como os de um bebê; o noviço entra então em um estado de possessão. Incisões são feitas no alto da cabeça (*irê*); animais são sacrificados e seu sangue é derramado sobre a cabeça e o corpo do noviço. O *otá*, pedra sagrada onde reside parte da energia do Orixá, está dentro de uma bacia (*igbá*) colocada próxima a seus pés para receber o sangue (*ejé*), estabelecendo a ligação homem-Orixá. A cabeça e partes do corpo são marcadas com uma espécie de tatuagem (*cura*), símbolos que o iniciado levará consigo para o resto de sua vida.

Depois desse ritual, ele fica deitado em uma esteira, por um prazo estabelecido pelo sacerdote, sempre coberto por panos brancos, indicando renovação, pureza e respeito.

Um *oxu* (espécie de massa) é preso à sua cabeça em forma de cone, contendo folhas, sangue de animais e outros ingredientes que emanam *axé*. A partir daí ele será chamado de *adoxu*, prova incontestável de que passou pela primeira parte da iniciação.

No terceiro dia, o *iaô* passa pelo dia de *efum*. Seu corpo é marcado por giz branco. Realiza-se, então, a primeira aparição em público; tudo é feito em silêncio e com muito respeito em memória de *Obatalá* (rei do branco), criador dos seres humanos.

O *iaô* fica recolhido por mais quatro dias, chegando então o dia do *waje*, quando a cabeça do noviço é pintada de azul-anil e de *osum* (um tipo de tinta derivada do urucum), representando a interação total e complementar com a divindade, associando-se ao restante dos elementais.

Segue-se um novo período de resguardo. Os preceitos são cuidados para que o *iaô* aprenda tudo conforme os ensinamentos dos sacerdotes. Ele pode receber visitas apenas dos integrantes da religião; a família não tem permissão para tanto.

Depois de dezessete dias, o noviço se torna verdadeiramente um *elegum*, consciente de seus deveres e direitos para com o seu Orixá. Ele então passará a usar um nome, *orukó* (*dijina*, no Brasil), e todas as atividades da vida diária que ele abandonou para cumprir o resguardo terão de ser reaprendidas. Através desse "renascimento", o pai-de-santo ou a mãe-de-santo faz com que o iniciado dê valor a cada atividade cotidiana. Geralmente a cerimônia do nome se dá na madrugada. Na parte da manhã o noviço é levado ao local consagrado ao seu deus. Lá, ele recebe os dezesseis búzios (instrumento-oráculo-método) para um diálogo com o seu Orixá, com o qual fará a adivinhação, individual ou não. O iniciado saberá, assim, seu *odu* (caída, jogada) da sorte e seu destino pessoal.

No Brasil, a iniciação apresenta diferenças frente aos costumes nigerianos. O Orixá é escolhido individualmente e não segundo as tradições iorubanas, nas quais os filhos seguem a hierarquia do Orixá do patriarca da família, um pré-requisito básico para a iniciação no Terreiro e para se tornar membro do grupo.

O *axé* (força invisível, mágica e sagrada) do ancestral Orixá teria, após a sua morte, a faculdade de "encarnar" durante um fenômeno de possessão por ele provocado, geralmente em festas religiosas. Pessoalmente, encaro este fenômeno como uma força de vibração energética e não de possessão, a tal ponto que a pessoa se torne inconsciente.

Não é necessário conhecer o culto na primeira etapa. Uma sessão é marcada previamente pela *iya kekerê* – braço direito do sacerdote ou da sacerdotisa, e o *babalaô* joga os búzios. Depois do lançamentos contínuos dos búzios, o "olhador" informa ao futuro iniciado o tratamento imposto pela lei do Barracão ou do Terreiro que ele deverá se submeter. Os períodos de reclusão cumpridos e o comparecimento aos rituais secretos é o que vai determinar o grau de iniciação de cada um.

Neste estágio ainda não é necessário conhecer profundamente a religião e seus cabelos não são raspados. Banhos de proteção contendo ervas específicas, chamados *abô*, são indicados. O iniciante, então, recebe um nome: *abiã* (pessoa que está nascendo para o culto).

Um colar é a única ligação que o novato tem com o seu Orixá. As contas são da mesma cor consagrada ao seu deus pessoal, previamente lavadas com as folhas litúrgicas do seu Orixá. Dependendo das condições estabelecidas entre o sacerdote e o iniciado, é marcado então o "sacudimento" (*ebó*). A função dessa etapa é afastar os elementos desordeiros, indicados pelo desequilíbrio do indivíduo. Esse ritual envolve espécies vegetais, animais e alimentos preparados ritualisticamente e passados no corpo do indivíduo, sempre acompanhado de cânticos específicos com pedidos para afastar os males e alcançar uma abertura de caminhos.

É obrigatória a oferenda para Exu. Esse é o primeiro Orixá a ser invocado por meio de saudação ou alimento preferido, sempre à base de *oti* (pinga), *epó* (azeite-de-dendê) e *iyó* (sal). A intenção dessa oferenda é devolver ao cosmos a energia que foi retirada, para voltar o equilíbrio energético entre o Orixá e o homem. É então colocado nos braços do iniciado o *contra-egum*, para afastar a presença de qualquer energia contrária.

A segunda etapa da iniciação é chamada *bori*, ou seja, dar comida à cabeça. Essa é uma cerimônia mais complexa, feita em um lugar reservado, chamado de *ronkó*, e destinada a reforçar a cabeça do iniciante (o cabelo ainda não é raspado). São oferecidas ao deus as obrigações que mais o agradam.

Depois do *bori*, o *abiã* se torna um participante e passa a assistir às cerimônias dedicadas aos Orixás cultuados no Terreiro, o que serve para sua familiarização com os participantes da seita.

Dependendo do caso, são necessários alguns meses ou anos para que o noviço esteja preparado a realizar a etapa mais importante do ritual, com toda a complexidade da ligação *orixá-iaô*.

A terceira etapa consiste na "raspagem de cabeça", expressão usada para designar a prova e todas as experiências do transe a que o iniciado terá de se submeter.

Em um local secreto e sagrado as oferendas e o pacto com o Orixá são feitos. Nesta mesma ocasião, são realizados os "assentamentos" (lugares ou vasilhames que representam a nova morada dos deuses como energia). Os objetos são sacralizados durante a "raspagem" e é transmitido os cuidados, que variam de acordo com a quantidade de cada Orixá (como a limpeza, não deixar que eles sequem, conservá-los tampados, acrescentar mel e azeite-de-dendê e o próprio respeito que o ritual envolve).

Dentro do vasilhame (*ibá*) está a pedra mágica (*otá*). A força do Orixá está presente na natureza e parte dela pode ser preservada simbolicamente em uma pedra (*otá*) que é colocada em uma vasilha, ficando aos cuidados de um zelador-de-santo (espécie de médium, homem ou mulher, que estuda profundamente os ritos da cultura dos Orixás e executa "trabalhos" relativos a esses ritos; no Brasil, é popularmente conhecido como mãe ou pai-de-santo).

O *otá*, um objeto inanimado, e não morto, como interpretam muitas pessoas, possui um baixo nível de consciência. Seu limiar de percepção consciente é estimulado pelo contato com os pequenos animais de sua vizinhança, que veem na pedra um protetor contra os elementos da natureza e animais maiores. Quando um ser humano sensível à natureza percebe que há algo diferente ao redor da pedra, sente esta energia. Se tiver uma cultura anímica ou se for simpático a tais influências, transformará a pedra em um objeto de culto ou habitat de um espírito amigável. Essa atenção impulsiona o espírito embrionário da pedra que, finalmente, torna-se um deus. Assim ocorre nos cultos africanos e brasileiros.

O tempo de reclusão é de no mínimo dezesseis dias no *ronkó*, onde o *iaô* se deitará na esteira (*eni*). Depois disso, o iniciado torna-se um *adoxu*, aquele que pode ser possuído pelo Orixá e prestar as homenagens devidas ao deus. Geralmente o sacerdote de culto utiliza um sino chamado *adjá* para facilitar o transe.

Chega então o dia da saída em público. O noviço sai do *ronkó* e entra no Barracão, onde são feitas as danças ritualísticas em três estágios específicos do Orixá.

No Barracão, o *adoxu* ou *elegum* faz reverências chamadas *dobale* (se o noviço tiver o Orixá protetor do sexo feminino) e *iká* (se for masculino).

Realiza-se, então, uma série de batidas de mãos ritmadas chamadas *depaô*, em sinal de respeito. Depois das devidas reverências aos lugares sagrados do espaço religioso, aos sacerdotes do culto e aos mais velhos da seita, o iniciado começa a executar as danças que contam as histórias dos deuses.

Um novo nome é fundamental. Este momento é chamado *hora do orukó* ou "proclamação do nome". Depois de três meses, o Orixá dará o *ilá*, um som que indicará sua presença na Terra.

O *iaô* irradiado é vestido com a roupa do Orixá, personificando o próprio deus, é quando ele perde parte de sua identidade e, acompanhado de um padrinho, caminha pela sala, dá um pulo girando sobre si mesmo e grita seu novo nome. Todos aplaudem e os atabaques tocados pelos *ogãs* dão boas-vindas e votos de sucesso ao *iaô*.

Entre as irradiações do Orixá, o iniciado se vê com outro tipo de comportamento, chamado *estado de erê*, que vem entre as irradiações do Orixá. O então noviço toma uma forma infantil, o que vai proporcionar um estado de relaxamento e normalizar algumas funções fisiológicas interrompidas durante o transe.

Com a cerimônia encerrada, o iniciado pode retornar à sua casa e se resguardar por um período para fortalecer a ligação com seu deus. Restrições alimentares, descanso noturno, banhos de ervas de proteção e abstinência sexual estão entre as orientações do resguardo.

O *kelê* (uma gravata ou um colar de Orixá) é usado por tempo indeterminado e serve para o zelador identificar, caso ele se desmanche ou desamarre, se o iniciado quebrou ou não o resguardo.

Em decorrência natural do comparecimento e desenvolvimento do *iaô*, fazem-se as obrigações de ano. Quando o noviço completar sete anos de frequência e participação dentro dos rituais sagrados, estará autorizado a abrir seu próprio Terreiro.

Candomblé Light

O espiritualista é um seguidor do espiritualismo, ou seja, da doutrina que admite que a independência e o primado do espírito são mais importantes do que sua relação com o universo materialista. O espiritualista pode ser católico, frequentar ritos da Umbanda, fazer ioga, meditar sobre o estudo dos anjos ou entoar mantras budistas. Tudo para ele é uma fonte de riqueza inesgotável e está interligado, pois todos os caminhos levam a Deus.

Desta forma, a religiosidade caminha na harmonia, beleza e bondade que preenchem este Universo. O Todo está unido.

Para ser compatível com essa serenidade, em todos esses anos de trabalho onde tive seguidores, filhos de santo e participantes em ritos ou festas dos Orixás, em nenhum momento foi cobrado algum valor dos iniciados ou feito algo que envolvesse o sacrifício de animais.

Entendo, também, como espiritualista e vegetariana desde 1969, além de estudiosa dos anjos desde 1987, que os Orixás são devas da natureza.

Essa maneira de amar os Orixás sempre me proporcionou uma vida harmoniosa e pacífica desde 1980, quando entrei para o culto desses maravilhosos deuses. Desde então, sinto-me protegida por essa grande energia chamada *Orixás*, assegurando-me viver a vida sempre confiante e feliz. O mesmo desejo a você.

Axé!

HISTÓRIAS DOS ORIXÁS

EXU

Laroiê; Salve Exu

De natureza andrógina, Exu exerce uma espécie de função diplomática entre todos os Orixás e os seres humanos. Ele é o primeiro a ser citado em todos os trabalhos, é o número 1. Seu dia da semana é a segunda-feira. Suas cores são o vermelho, que é ativo, e o preto, que é a absorção de conhecimento. O elemento de Exu é o Fogo, reforçando seu lado ativo e de crescimento, e ele usa como instrumento sete ferros presos numa mesma base, voltados para cima, representando os sete caminhos do homem.

Exu significa "esfera". De acordo com a mitologia africana, ele é o princípio dinâmico que possibilita a existência, sendo responsável pelo destino de cada um, ou seja, cada pessoa antes de nascer escolhe seu destino, determinando as características individuais de sua personalidade.

Como Regulador do Cosmos, Exu é o Deus da ordem. Ele é o "recadeiro" das divindades para fins úteis, podendo ser brincalhão se for solicitado para questões fúteis.

Ao mais humano dos Orixás não é dada a responsabilidade de decidir o que é certo ou errado, sendo uma divindade de fácil relacionamento, ele apenas realiza a tarefa para a qual foi invocado.

Sua função de contato entre o *babalaô* e os demais Orixás faz com que supere o real e atinja o extraordinário, o mágico. São os Orixás que respondem no Jogo de Búzios, mas é Exu que traduz as respostas. Ele poderia ser considerado como um "anjo rebelde", lendário e heroico.

Exu não deve ser sincretizado com o diabo, como muitos brasileiros creem com base na tradição católica. Seu domínio é a encruzilhada.

Lendas e Mitos

Orumilá teve três filhos: Ogum, Xangô e Exu. Este último era muito briguento e vivia lutando. Um dia, Exu disse ao pai que estava com fome e que queria comer um animal doméstico. Ele consentiu, mas a fome não passou. Exu comia tudo o que via pela frente: árvores, pastos, animais e chegou até mesmo a comer o mar, mas a fome não passava. Quando estava para comer o céu, Orumilá ordenou a Ogum que matasse o irmão, e assim foi feito, para que a paz voltasse a reinar mesmo que temporariamente.

Depois disso, o pouco que sobrou dos rebanhos foi dizimado pelas pestes, as colheitas não produziram frutos e os homens caíram doentes. Um sacerdote de Ifá consultou o Opelé-Ifá e este respondeu que Exu estava com ciúmes e queria mais atenção, mesmo depois de morto. A partir deste dia, nenhuma oferenda a qualquer Orixá era aceita sem que Exu fosse servido em primeiro lugar.

O mais astuto dos Orixás é capaz de provocar mal-entendidos e discussões, aprecia muitíssimo as oferendas que são consagradas a ele e, caso nada lhe seja oferecido, seu espírito brincalhão não demora a criar encrencas.

Diz uma lenda que certa vez dois camponeses amigos esqueceram de fazer suas oferendas na segunda-feira. Eles eram vizinhos, sendo suas terras separadas por uma grande cerca. Exu colocou sobre a cabeça um chapéu pontudo de duas cores: de um lado, vermelho e do outro, branco, e foi passear nas fazendas, andando em cima da cerca e cumprimentando o trabalhador da esquerda e depois o da direita. Assim que Exu foi embora, os dois comentaram sobre o chapéu que era grande, pontudo e que a cor chamava a atenção. Houve muita confusão, porque um dizia que a cor era branca e o outro afirmava que era vermelha. Os dois tinham razão em defender seu ponto de vista e, irritados, atracaram-se até a morte. Exu apareceu dando uma enorme gargalhada, pois havia se vingado dos dois.

Apesar de a lenda mostrar este lado perverso de Exu, ele pode ser o mais benevolente dos Orixás, isso se for tratado com respeito.

OGUM

Ogunhê; Olá, Ogum

Ogum é o Orixá da Guerra (*gun*), divindade que usa a espada e forja o ferro, transformando-o em instrumento de luta. Sua cor é o azul-escuro (cor do metal quando aquecido na forja). Seu dia da semana é terça-feira e seu elemento é o metal (ferro). Ogum é regido pelo número 4.

Filho mais velho de Oduduwa, divindade masculina iorubana fundador da cidade de Ifé, a capital religiosa dos iorubanos, Ogum é o patrono da força produtiva que trabalha a natureza. Considerado o protetor dos militares, ferreiros, agricultores e combatentes em geral. É também irmão mais velho de Exu, tendo muito em comum com ele. Seu caráter é instável e arrebatador.

Ogum tem ascendência sobre os caminhos. Os lugares consagrados a ele ficam ao ar livre, na entrada da casa ou do Terreiro. Para proteger a casa de um invasor, usa-se uma pedra em forma de bigorna como amuleto do Orixá da Guerra.

A proteção de Ogum é representada por franjas de palmeira ou dendezeiro desfiadas, chamadas *mariwô*, que, penduradas nas portas ou janelas, evitam as más influências e pessoas indesejáveis.

O culto a Ogum é bastante difundido no Brasil, em Cuba e na Nigéria. Sem a sua permissão e proteção, nenhuma atividade útil, tanto no espaço urbano como no campo, pode ser aproveitada.

Deve ser invocado logo após Exu ser despachado, abrindo caminho para os outros Orixás.

Na África e aqui no Brasil Ogum é representado por sete instrumentos de ferro pendurados em uma haste de metal. Seu domínio são todas as ligações que se estabelecem em diferentes lugares, especialmente as rodovias e estradas de ferro.

Lendas e Mitos

Ogum era o filho predileto de Orumilá, e essa preferência resultava de sua abnegação. Quando o deus supremo estava construindo o mundo, esparramando a terra com sua espada de cristal para formar os continentes, ela se partiu. O deus do ferro foi chamado e continuou o trabalho com sua própria espada, que era de ferro.

A primeira cidade que Ogum construiu foi Irê, deixando seu filho na chefia do governo. Em seguida ele partiu para fundar outras cidades. Tempos depois Ogum retornou e, tendo a impressão de que ninguém o havia reconhecido, ficou colérico. Naquele dia, por fatal coincidência, acontecia uma cerimônia onde não era permitido falar, o que teria causado a Ogum a impressão de que o estavam desprezando. Em outra lenda afirma-se que ele não teria reconhecido a cidade que fundara, tratando a população como inimiga. Enfurecido, Ogum dizimou a todos.

Mais tarde, quando seu filho conseguiu falar com ele, Ogum percebeu o erro que cometera, mas já era tarde demais. O guerreiro ficou tão arrependido que preferiu morrer.

Assim, Ogum baixou sua espada em direção ao chão e, da mesma maneira que a utilizou para destruir seus inimigos, com um gesto violento abriu um grande buraco no chão e afundou terra adentro. Esta emoção, somada à força do guerreiro, transformou-o em um Orixá.

Ogum é a personificação do guerreiro atuante. Suas batalhas, conquistas e peregrinações foram amplamente descritas por meio da arte pelos iorubanos, já que foi considerado o construtor espiritual da primeira cidade na Nigéria.

Por toda a cidade que passou, conseguiu instalar uma organização patriarcal.

OXÓSSI

O Kiarô! – okaaro – bom dia

Conhecido como Odé, Oxóssi é filho de Oxalá e Iemanjá e irmão de Ogum e Exu. Na África, é o Orixá responsável pela caça. Oxóssi é *oxó*, "caçado" e *ossi*, "noturno", tradicionalmente, é associado à Lua, por ser à noite o seu melhor momento para caçar. Seu dia da semana é quinta-feira, sua cor, azul-turquesa (cor do céu no início do dia). Seu elemento é o Ar e o número que o rege é o 6.

Oxóssi é um guerreiro solitário, não lidera ou comanda exércitos como Ogum, mas luta pela sobrevivência da tribo, pois desse Orixá depende seu sustento. Seu Instrumento é o arco e flecha, geralmente de ferro, chamado *ofá*, e o *erukerê* (rabo de cavalo usado só pelos reis).

Como Orixá, sua responsabilidade em relação ao mundo é garantir a vida dos animais, que somente são sacrificados por absoluta necessidade de alimentação.

O culto a esse Orixá é bastante difundido no Brasil, mas pouco lembrado na Nigéria, o que se deve ao fato de Oxóssi ter sido cultuado basicamente na cidade de Keto (terra dos panos vermelhos). No século 19, devido ao tráfico negreiro, a cidade foi praticamente destruída pelos saques das tropas do rei Daomé. Os filhos consagrados a Oxóssi foram vendidos como escravos.

É o Orixá que preza o próprio individualismo, tendo determinação para qualquer combate. Sua seta é sempre certeira. Ao ser colocada no arco, atira acertando em cheio seu alvo (ou seu ideal). Acostumado com ações rápidas, está sempre ajudando a comunidade, sua família e seus amigos.

Seu domínio são as matas e a caça. Os filhos de Oxóssi estão dispostos a passar por qualquer dificuldade para provarem que estavam certos.

Lendas e Mitos

A cada ano, após a colheita, o rei de Ijexá saudava a abundância dos alimentos com uma festa, oferecendo inhame, milho e coco à população. Ele comemorou com sua família e seus súditos, porém as sacerdotisas não foram convidadas. Furiosas com a desconsideração, elas enviaram à festa um pássaro gigante, que pousou no teto do palácio, encobrindo-o, e impedindo que a cerimônia fosse realizada. O rei percebeu que era obra das velhas anciãs e foi orientado a chamar os melhores caçadores da cidade.

O primeiro tinha 20 flechas. Ele lançou todas elas, mas nenhuma acertou o grande pássaro. O rei se aborreceu e o mandou embora. O segundo caçador se apresentou e lançou 40 flechas, o fato se repetiu e o rei mandou prendê-lo.

Bem próximo do palácio vivia Oxóssi, um jovem que costumava caçar à noite, antes do sol nascer, usando apenas uma flecha vermelha. O rei mandou chamá-lo para dizimar o pássaro. Sabendo da punição imposta aos outros caçadores, a mãe de Oxóssi, temendo pela vida do filho, consultou um *babalaô*. O Opelé-Ifá mostrou que, se fosse feita uma oferenda para as feiticeiras, ele teria sucesso.

Oxóssi deveria ofertar uma galinha e, no exato momento em que fizesse a oferenda, o rapaz deveria atirar sua única flecha. E ele assim o fez, acertando o pássaro bem no peito.

O rei, agradecido pelo feito, concedeu ao caçador a metade da sua riqueza, além da posse da cidade de Keto, "terra dos panos vermelhos", onde Oxóssi governou até a sua morte, tornando-se depois um Orixá.

Quem deseja trilhar o caminho do mundo, assim como revelam as lendas sobre o caçador Oxóssi, deve entender que será um rei solitário.

XANGÔ

Kaô Kabiesilê; venham ver nascer sobre o chão

quele que se destaca pela força, assim é Xangô, chamado na África de *Jacutá*, ou seja, "o lançador de pedras".

O vermelho (ativo), o branco (paz) e o marrom (terra), são as cores deste Orixá. Seu elemento é a Terras (pedras). Seu dia da semana é quarta-feira e o 8 é o seu número regente. O Instrumento de Xangô é o *oxé*, um machado de duas lâminas, que seus filhos, quando estão em transe, levam na mão.

Xangô reinava soberano na cidade de Oyó, mas mudou-se para Kossô, onde não foi aceito por seu caráter violento e autoritário. Retornando a Oyó, ele destronou seu irmão mais velho, Dadá, que lá reinava, e o exilou em Igbono.

Orixá viril, atrevido e extremamente justiceiro, Xangô tem Iemanjá como mãe e três divindades como esposas: Iansã, Oxum e Obá. Iansã era a esposa de Ogum, mas se encantou por Xangô. Oxum vivia com Oxóssi e também foi seduzida por este Orixá, que usava argolas de ouro nas orelhas, uma longa trança e uma roupa repleta de búzios, que na época era a moeda corrente. Obá, apesar de ser uma deusa mais velha, também foi esposa de Xangô.

Na Nigéria, as festas consagradas a Xangô são um espetáculo à parte. O *elegum* do Orixá em transe vai ao mercado central para ser admirado e também aos lugares que, quando era vivo, visitou antes de se tornar um Orixá, o que só ocorreu após a sua morte. Segundo uma lenda, Xangô se enforcou em uma árvore de *obi*. Isso justifica sua aversão à morte e aos *eguns* (os mortos).

Sua importância no Brasil é tamanha que chegou a originar cultos específicos em Pernambuco e em outros Estados do Nordeste.

Seu domínio está nas rochas, principalmente nas que foram destruídas pelos raios.

Lendas e Mitos

Xangô era rei de Oyó, terra de seu pai, e sua mãe era do território de Tapa. Por isso, ele não era considerado filho legítimo da cidade.

A cada comentário maldoso que faziam sobre a sua ascendência, Xangô cuspia fogo e soltava faíscas pelo nariz.

Ele andava pelas ruas da cidade com seu *oxé*, um machado de duas pontas, que o tornava cada vez mais forte e astuto.

Onde havia um roubo, ele era chamado e, com seu olhar certeiro, encontrava o ladrão onde quer que estivesse.

Para continuar reinando, Xangô defendia seu território com bravura e chegou até a destronar o próprio irmão, Dadá, de uma cidade vizinha, para ampliar seu reino.

Com o prestígio conquistado, ele ergueu um palácio com cem colunas de bronze no alto da cidade de Kossô, para viver com suas três esposas: Iansã (Oyá), amiga e guerreira, Oxum, coquete e faceira, e Obá, amorosa e prestativa.

Para prosseguir com as suas conquistas, Xangô pediu a um *babalaô* de Oyó uma fórmula para aumentar seus poderes.

O sacerdote lhe entregou uma caixinha de bronze, recomendando que só fosse aberta em caso de extrema necessidade de defesa. Na caixa não existiam apenas benefícios, mas uma mistura do bem e do mal.

Como era muito curioso, Xangô contou a Iansã o ocorrido. Ambos não se contentaram e abriram a caixa antes do tempo. Imediatamente começou a relampejar e trovejar; os raios destruíram o palácio e a cidade, matando toda a população. Só restou a "esperança" dentro do recipiente oculto debaixo da tampa.

A "esperança" não pôde sair antes que a tampa fosse colocada sobre a caixa. Por não suportar tanta tristeza, Xangô afundou terra adentro, tornando-se um Orixá.

Em outros relatos, Xangô se enforcou em uma árvore de *obi*, cujo nome é *Ayan*. Por isso, o *obi* não é usado na feitura ou colocado no assentamento deste Orixá.

IANSÃ (OYÁ)

E Parrei! – "Olá jovial e alegre!" ou "Que bela espada!"

Primeira entidade feminina a surgir nas cerimônias, Iansã é o Orixá de um rio conhecido como Níger, cujo nome original em iorubá é Oyá (versão pouco difundida no Brasil). Seu dia da semana é quarta-feira (em alguns lugares é a segunda-feira). Seu elemento é o Ar. Suas cores são o vermelho ou o marrom. Iansã é regida pelo número 9, *mesan*, a mãe dos nove céus.

De temperamento ardente, impetuosa e justiceira, Iansã sempre impressiona. É o único Orixá que não teme os mortos ou *eguns*, dominando-os com o *iruexim* (instrumento feito com rabo de cavalo). É a senhora absoluta do culto ao *egungum* (ancestrais divinizados, mortos de família).

Foi casada com o rústico Ogum. Atraída pelo tipo elegante e fino de Xangô, Iansã acabou abandonando Ogum para ser a primeira esposa de Xangô, com quem divide poder e justiça. As lendas nigerianas relatam que seu cotidiano não era nada monótono, enfrentando inclusive guerras para obter o domínio da tribo. É um Orixá que não teme nada.

Quando se manifesta em um de seus iniciados, ela está adornada com uma coroa, cujas franjas escondem seu rosto. Traz consigo uma espada, o *iruexim* e chifres de búfalo enfeitando as roupas, uma alusão sobre a qual Iansã teria o poder de se transformar em um animal, proeza descoberta por Ogum.

Durante uma cerimônia, ela evoca as tempestades e os ventos, que são o seu domínio, com movimentos graciosos de dança, abrindo os braços estendidos para frente com gestos rápidos.

Lendas e Mitos

Como fazia todos os dias, Ogum foi caçar na floresta. De repente, um búfalo veio em sua direção, rápido como um relâmpago.

Notando algo diferente no animal, ele tratou de segui-lo.

O búfalo parou em cima de um formigueiro, baixou a cabeça, despiu sua pele e transformou-se numa linda mulher. Era Iansã, coberta de belos panos coloridos e braceletes de cobre. Ela fez uma trouxa da pele, guardou os chifres e escondeu no formigueiro, partindo em direção ao mercado. Ogum, então, apoderou-se da trouxa, guardando-a em seu celeiro e passou a seguir Iansã, até que criou coragem e começou a cortejá-la. Mas como toda mulher bonita, ela recusou a corte.

Quando anoiteceu, Iansã voltou à floresta e, para sua surpresa, não encontrou a sua trouxa. Retornando à cidade, ela encontrou Ogum, que assumiu estar com ele o que ela procurava. Em troca do seu segredo (pois ele sabia que ela não era uma mulher, mas, sim, um animal), Iansã foi obrigada a se casar com ele, mas conseguiu convencê-lo de não comentar o assunto com ninguém.

Ogum explicou às suas outras esposas que Iansã iria morar com ele e que, em hipótese alguma, deveriam insultá-la. Tudo corria bem. Ele saía para forjar o ferro e as mulheres da casa trabalhavam. Menos Iansã, que passava o dia procurando sua trouxa.

Desse casamento nasceram nove crianças, o que despertou ciúmes das esposas estéreis. Uma delas, para se vingar, conseguiu embriagar Ogum que acabou relatando o mistério que envolvia Iansã. As mulheres então passaram a insultá-la, dizendo que ela era um animal, revelando que sua trouxa estava escondida no celeiro.

Iansã encontrou sua trouxa, assumiu a forma de búfalo e partiu para cima de todos, poupando apenas seus filhos. Ela decidiu voltar para a floresta, mas não levou os filhos, porque era um lugar perigoso. Como segurança, deixou com eles seus chifres e orientou-os para que, em caso de perigo, batessem as duas pontas. Com esse sinal, ela viria socorrê-los imediatamente. Por isso que os chifres estão presentes no assentamento e na sua indumentária.

OXUM

Ora ieiê ô!; brincar nas águas

Oxum é o nome de um rio em Oxogbo, cidade localizada na província de Ibadã na Nigéria. Seu elemento é a Água. Sua morada é nas cachoeiras e rios de água doce (*axé* de muita importância, sem a qual não haveria vida na Terra), onde os devotos costumam entregar comidas e presentes. Seu dia da semana é o sábado, e sua cor o dourado (amarelo), representando sua suntuosidade.

O instrumento de Oxum é o *abebê* (espelho). O *abelê* (leque) e roupas vistosas fazem parte de sua indumentária. Seu principal alimento é chamado "sangue branco", ou seja, o mel, que é um nutriente por excelência. Seu número é o 5, representado o equilíbrio, a harmonia.

Iyalodê, como é chamada na África ocupa o cargo da mulher mais sábia da tribo. Foi rainha em Oyó, onde as mulheres que desejavam engravidar a procuravam, sendo respeitadíssima como sacerdotisa. É também considerada a deusa da beleza e do dinheiro, sendo a ela atribuído um gosto refinado por tudo o que é caro.

Coquete e faceira, Oxum conquistou vários amores mostrando sua docilidade. Foi a segunda esposa de Xangô, mas também já viveu com Ogum e Oxóssi. Sua dança insiste nesse aspecto: imita os gestos delicados de uma mulher sensual que toma banho no rio, admira-se, observando sua face em um espelho, abanando-se com um leque e usa pulseiras de metal (*idés*). No Brasil, associa-se Oxum ao ouro, afinal, é o metal mais valioso que conhecemos.

Apesar da forte marca que carrega de maternidade (assim como Iemanjá), Oxum geralmente é associada e representada por uma deusa jovem, podendo ser tanto maternal, como uma jovem sacerdotisa ou uma guerreira. Como todos os outros Orixás, existem diversos tipos de Oxum, de acordo com os costumes de uma região.

Seu domínio são as águas, cachoeiras e a maternidade.

Lendas e Mitos

Quando Orumilá estava criando o mundo, escolheu Oxum para ser a protetora das crianças. Ela deveria zelar pelos pequeninos desde o momento da concepção, ao ventre materno e após o nascimento, até que pudessem usar o raciocínio para se expressarem em algum idioma. Por isso Oxum é considerada o Orixá da fertilidade, da maternidade e protetora das crianças.

Devido à sua beleza, Oxum também é um Orixá relacionado à vaidade, sendo vista como uma deusa jovem e bonita, mirando-se em seu espelho (*abebê*) e abanando-se com seu leque (*abelê*).

Esposa de Xangô, Oxum é considerada a mais bela de todas as consortes do rei dos raios. Diz à lenda que ela foi presa pelo marido ciumento na torre do castelo que habitavam.

Certo dia, caminhando por ali, Exu ouviu o choro de Oxum e quis saber qual a razão de sua tristeza. Após ouvir a história, Exu pediu a Orumilá que intercedesse por ela. Este assim o fez, espalhando sobre a bela Oxum um pó mágico que a transformou em uma pomba, possibilitando a sua fuga. Por isso, nos cultos a Oxum, a pomba é considerada sua ave sagrada.

Outra lenda relata que, enquanto Oxum tomava banho em uma cachoeira, percebeu em seu espelho (*abebê*) que era observada por sua rival Iansã, que enviou um raio para destruí-la.

Sentindo o perigo, a deusa das águas doces usou o espelho como escudo protetor e este rebateu o raio, atingindo Iansã, que, a partir deste instante, transformou-se em um Orixá.

OBÁ

Obá xirê! – rainha poderosa, forte

Obá, a rainha, é a divindade que habita um rio do mesmo nome na Nigéria. Assim como Oxum, ela está associada à água doce, que é o seu elemento. Sua cor é o vermelho, seu dia da semana, quarta-feira. Seu Instrumento é a adaga. Obá não tem correspondente numérico, porque não responde ao Jogo de Búzios esotérico.

Como as deusas guerreiras Oxum e Iansã, Obá também foi esposa de Xangô. É o Orixá que domina a paixão, talvez de modo doentio ou obsessivo. A característica mais marcante de Obá é a maneira direta com que fala com as pessoas e, muitas vezes, a dificuldade em ser gentil.

Ela é decidida e objetiva em suas atitudes. Nas cerimônias, Obá apresenta uma dança marcial mais parecida com a do Orixá Ogum, empunhando uma espada de cobre enquanto leva na outra mão um escudo, com o qual esconde o lado de seu rosto que não apresenta orelha, perdida em uma armadilha feita por Oxum.

Geralmente, quando incorporada, Oba lança-se contra as filhas de Oxum, especialmente se estas estiverem próximas do Orixá Xangô.

A iniciação de uma filha de Obá requer ervas especiais, difíceis de serem encontradas no Brasil. É por isso que cresce a cada dia mais filhas de Obá com características semelhantes às de Iansã.

Diferentemente de Oxum, que tem seu domínio em um rio calmo e tranquilo, Obá está miticamente relacionada às águas revoltas.

Lendas e Mitos

Mulher corajosa e guerreira, que não tinha medo de nada, assim era Obá. Não era bonita, nem fazia questão de ser formosa, seu único prazer era lutar e guerrear. Vencia todos os inimigos e nem mesmo Exu, o mais arteiro dos deuses, conseguiu vencê-la.

Ogum, que vivia em Ifé, soube da fama da guerreira que havia chegado até o seu reino. Antes de partir para conquistá-la, consultou o Opelé-Ifá e os adivinhos aconselharam-no a oferecer-lhe uma pasta feita com quiabos, água e mel.

Ao encontrar Obá, Ogum a desafiou para uma luta, mas antes disso entregou a oferenda, que ela deixou de lado para comer depois. A luta começou e ela dominava a situação quando Ogum correu em direção à oferenda, derrubou Obá sobre a pasta e a possuiu, tornando-se seu primeiro esposo. Em seguida, Ogum a levou para seu palácio, mas ela vivia triste. As únicas distrações de Obá eram comer e dormir, pois o marido não lhe permitia lutar com ninguém.

Certo dia ela foi passear na floresta, solitária e triste, quando Xangô se aproximou e Obá contou-lhe sua história. Ele ouviu com atenção e a convenceu de que com ele seria diferente. Assim, Obá foi viver com Xangô.

Os anos passaram e Xangô foi ficando irritado com suas lamentações. Um dia, ela desejou reacender o amor do marido e pediu conselho a Oxum, que com ela dividia as atenções do esposo.

Oxum, que usava um pano amarrado à cabeça, inventou uma história, dizendo que conseguira conquistar a atenção do marido com um caldo feito de suas próprias orelhas. Sem pensar, Obá cortou uma de suas orelhas e a colocou na sopa. Quando Xangô sorveu a primeira colherada, cuspiu longe o insólito ingrediente.

Percebendo que caíra na armadilha de Oxum, Obá atracou--se com ela numa violenta luta física, somente interrompida pelos brados coléricos de Xangô, que as fez fugir apavoradas. Ambas se transformaram em rios que levam seus nomes. Quando se encontram, formam uma confluência perigosa e agitada.

LOGUN-EDÉ

Lóci, lóci, Logun! – Grita seu brado de guerra, príncipe guerreiro!

Príncipe aclamado, Logun-Edé é a relação com Ogum (*Odé*) e a ligação com Oxóssi (*Edé*). Seu dia da semana é quinta-feira, seus números são o 6 e o 9. Seus elementos o Ar e a Água. Azul-turquesa e amarelo (dourado) são as suas cores.

Erinlê (uma qualidade de Oxóssi) teve um filho de Oxum Okê (uma qualidade de Oxum guerreira) que vivia nas montanhas, cujo culto é feito (apesar de raro em Ijexá) na Nigéria.

No Brasil, especialmente no Rio de Janeiro, Logun-Edé tem numerosos adeptos. É o "príncipe" das matas e da caça, já que o pai Oxóssi é o "rei", enquanto sua mãe Oxum é a "rainha" da água doce.

É um Orixá dualista: durante seis meses do ano vive nas matas, alimentando-se de caça, nos outros seis meses vive nas águas com Oxum, abastecendo-se de peixe.

Ele é a síntese dos dois Orixás. Duplicidade presente também nas suas vestimentas e oferendas. Seu *axé* fica concentrado em duas pedras (*otás*) retiradas uma da mata e outra da cachoeira. Os Instrumentos usados por Logun-Edé nas danças mostram a dualidade que envolve esta divindade: ele carrega o *ofá* (arco) e o *erukerê* (espécie de espanta-moscas) de seu pai, Oxóssi, e o *abebê* de sua mãe, Ogum.

No assentamento de Logun-Edé, geralmente encontramos um cavalo-marinho ou uma pequena imagem de sereia. Nas danças, acontece o mesmo: ora dança como o pai Oxóssi, representando a caça e os golpes de lança, ora parece banhar-se nas águas como a mãe Oxum.

Logun-Edé tem um gênio imprevisível e às vezes se mostra faceiro e coquete como a mãe Oxum, ou solitário e individualista como o pai Oxóssi.

Seu domínio são as matas e as cachoeiras.

Lendas e Mitos

Logun-Edé, filho de Oxum Okê e Oxóssi, vivia nas montanhas, afastado das cidades. Como seus pais tinham um gênio difícil, decidiram viver separados; Oxóssi viveria livremente na floresta e Oxum no seu domínio, onde existiam cachoeiras.

Por gostar muito dos dois, Logun-Edé ficava dividido: não sabia se caçava com o pai ou se fazia companhia à mãe. Como era um grande feiticeiro, Logun-Edé preparou uma poção mágica que permitia que durante seis meses ele teria características masculinas, usando um *ofá* para a caça e roupas azul-turquesa, e nos outros seis meses assumiria feições femininas, trajando roupas amarelo-douradas, empunhando um *abebê* (espelho).

Certo dia, Logun-Edé estava em companhia de Oxum e, entediado, resolveu dar um passeio. Caminhou tanto que chegou a Ifé, reino do Orixá Ogum. Com seu jeito carismático, Logun-Edé, então com formas femininas, cativou Ogum e foi morar com ele.

Já havia passado quase seis meses e Logun-Edé esqueceu de tomar a poção. Oxum, preocupada com a demora do filho, saiu à sua procura. Tal foi seu espanto ao encontrá-lo vivendo com Ogum que cortou relações com ele.

Logun-Edé procurou o pai, pois não entendia o que estava acontecendo, mas Oxóssi também brigou com ele. Desamparado, Logun-Edé andou até a cidade de Oyó, onde encontrou Iansã, deusa guerreira dos ventos. Imediatamente ela o acolheu e o proclamou príncipe, por sua formosura, apesar da pouca idade.

Para ajudá-lo, preparou uma poção mágica, fazendo com que Logun-Edé bebesse para reverter o efeito, mas nada adiantou.

Surpreendentemente, porém, após uma oração proferida por Iansã, Logun-Edé se transformou em um lindo Orixá de natureza andrógina, metade homem, metade mulher. Iansã vive até hoje com Logun-Edé.

Os pais de Logun-Edé o aceitaram com este novo aspecto e ele continua vivendo seis meses com o pai Oxóssi e seis meses com a mãe Oxum.

IEMANJÁ

O doiá! (odo, rio)

Iemanjá representa a criação efetivada. *Iya* significa mãe, *Omo*, filho, *Eja*, peixe. Seu dia da semana é o sábado, seu elemento a Água, seu número o 5. O branco e o azul (cristal translúcido) são suas cores.

Proveniente de uma nação chamada Egbá, na Nigéria, onde existe um rio com o mesmo nome, Iemanjá é filha de Olokun (mar) e mãe da maioria dos Orixás. Na África, Iemanjá é associada à fertilidade e a fecundidade.

Seu Instrumento é o *abebê* (espelho), e ela costuma segurar um leque de metal. O seu leque, chamado *abelê*, tem em seu centro um recorte, onde surge o desenho de uma sereia. Em outros modelos deste apetrecho, constam a Lua e uma estrela. Ela poderia ser considerada como uma deusa mais graciosa do que a vaidosa Oxum.

Associada ao Orixá Oxalá, teriam feito a criação do mundo.

Nas danças míticas, seus iniciados imitam o movimento das ondas executando curiosos gestos, ora como se estivessem nadando no mar, abrindo os braços, ora levando as mãos à testa e elevando-as ao céu, indicando as variações das ondas do mar.

Assim como Oxum, Iemanjá tem diversos nomes (ou qualidades) referentes à diversidade e às diferentes profundidades dos trechos do rio "Yemoja".

Complacente e pródiga, é responsável pela pescaria farta, além da vida com abundância de alimentos.

Iemanjá não lembra a volúpia das sereias das lendas europeias ou a Iara dos mitos indígenas, mas é representada e cultuada sempre com muito respeito, pois é a mãe da criação.

Seu domínio é o mar e a água salgada.

Lendas e Mitos

Filha de Olokun, Deusa do mar, Iemanjá era casada com Oduduwa, com quem teve dez filhos Orixás. Por amamentá-los, ficou com seios enormes, fazendo com que mal conseguisse visitar outros reinos. Cansada e sentindo-se muito carente por morar em Ifé, ela saiu em direção ao oeste e conheceu o rei Okerê; logo se apaixonaram e se casaram.

Envergonhada de seus seios, Iemanjá pediu ao esposo que nunca a ridicularizasse por isso. Ele concordou, porém, um dia, embriagou-se e começou a gracejar sobre os enormes seios da esposa. Entristecida, Iemanjá fugiu.

Desde menina Iemanjá carregava consigo, em uma garrafa, uma poção que a mãe lhe dera para casos de perigo. Okerê foi pedir desculpas, mas Iemanjá fugiu rapidamente, envergonhada. Durante a fuga, a Deusa caiu e quebrou a garrafa; a poção transformou-a em um rio, cujo leito seguiu em direção ao mar.

Diante do ocorrido, Okerê, que não queria perder a esposa e arrependido por tê-la ridicularizado, transformou-se numa montanha para barrar o curso das águas. Iemanjá pediu ajuda ao seu filho Xangô e este, com um raio, partiu a montanha ao meio. Assim, o rio seguiu para o oceano, dessa forma, Iemanjá tornou-se a rainha do mar.

No Brasil, especialmente em Salvador, ocorre uma grandiosa festa em homenagem à deusa no dia 2 de fevereiro, quando milhares de pessoas se reúnem e oferecem flores, perfumes e os mais variados presentes a Iemanjá.

Seu culto também é muito popular em Cuba, onde é conhecida como "Rainha Negra do Mar".

NANÃ

Saluba Nanã! – Salve, dona do pote da Terra!

Néné/Nana-Buruquê/Nanã-Buruku (*iku*, morte) é um Orixá feminino de origem daomeana, que foi incorporado há séculos pela mitologia iorubá, quando o povo nagô conquistou Daomé, assimilando sua cultura. Seu dia da semana é terça-feira, suas cores são o lilás, o branco e tons rajado de azul. Seu número é o 13 e seus elementos a Água e a Terra (lama).

Ela tem o mesmo posto hierárquico de Oxalá ou até mesmo de Olorum. Em Daomé, ainda é apresentada como Orixá masculino ou assexuado, pai ou mãe de todos os seres vivos.

Nanã é sempre associada à maternidade. É um dos Orixás mais velhos da água que, relacionada às águas do céu e à lama, teria o poder de conceder a vida e a forma aos seres humanos. Ela é a deusa dos pântanos, da morte (associada à terra, para onde somos levados após a morte) e da transcendência.

É uma figura muito controvertida no panteão africano: ora perigosa e vingativa, ora desprovida de seus maiores poderes, relegada a um segundo plano amargo e sofrido.

Os adeptos dançam, devotando-lhe muito respeito. Seus movimentos lembram o andar de uma senhora idosa, com passos lentos, o corpo curvado para frente e apoiado no objeto ritualístico, o *ibiri* (espécie de bengala), que é seu Instrumento.

É considerada a primeira esposa de Oxalá, tendo com ele três filhos: Iroko, Obaluaê e Oxumaré.

Nanã é a mãe ancestral, que guarda o mistério da vida. Por isso suas roupas têm listras roxas intercaladas de branco, simbolizando a função de "geradora de vida".

Seu Domínio é a lama e os pântanos. Mais do que a terra e a água, Nanã é a lama, o barro gerador.

Lendas e Mitos

Em tempos remotos, Nanã foi esposa de Ogum. Depois que se separou do marido, ocupou o cargo de juíza em Daomé, já que seus hábitos eram austeros, tornando-se conhecida como a "zeladora da ordem". Nanã só julgava os homens, sendo muito respeitada pelas mulheres, que a consideravam uma grande sacerdotisa.

Moradora de uma bela casa com jardim. Quando alguém apresentava alguma reclamação sobre o marido, ela amarrava o homem numa árvore e pedia aos *eguns* para assustá-lo. Certa noite, Iansã reclamou do comportamento de Ogum para Nanã e ele foi amarrado no jardim. Ao anoitecer, Ogum, que era um guerreiro astuto, usou sua espada, conseguindo escapulir e ir imediatamente consultar o Opelé-Ifá, explicando ao *babalaô* que a situação não podia continuar desta maneira e, assim, ficou acertado que Oxalá retiraria os poderes de Nanã.

No dia combinado, Oxalá se encontrou com Nanã em sua casa e ofereceu a ela um suco de *igbim* (tipo de caramujo). Ao beber o preparado, Nanã adormeceu. Oxalá então se vestiu de mulher e, imitando o jeito de Nanã, pediu aos *eguns* que fossem embora do seu jardim para sempre.

Quando Nanã acordou e percebeu que Oxalá a enganara, obrigou-o a tomar o mesmo preparado de *igbim*, seduzindo-o. Depois que acordou, Oxalá saiu correndo e contou para Ogum o que havia acontecido. Ogum cortou relações com Nanã depois que descobriu que a sacerdotisa tinha enganado Oxalá. É por isso que nas oferendas à Nanã não é permitido usar nenhum objeto de metal.

Outra lenda registra que numa reunião os Orixás aclamaram Ogum como o mais importante de todos os deuses. Nanã, que não se conformou em ser derrotada pelo Orixá zelador do ferro, assumiu que não mais usaria os utensílios de metal criados pelo Orixá guerreiro (escudos e lanças de guerra, facas e setas para caça e pesca). Por isso, tanto Nanã como seus filhos, Oxumaré e Obaluaê, não aceitam oferendas em que se apresentem estes objetos de metal.

IBEJI

Beje eró! – Chamar os dois!

Ibejis são divindades gêmeas, infantis, Orixás-crianças, também conhecidos como *Bejês*. *Ib* significa nascer, e *eji*, dois. Seu dia da semana é o domingo, e a eles são atribuídas todas as cores, assim como todos os elementos. Seu número é o dois.

Por serem gêmeos, estão ligados ao princípio da dualidade e de tudo que vai nascer, brotar e criar: um rio, uma nascente, o nascimento e o crescimento dos seres humanos, o germinar das plantas, etc. Quando nascem gêmeos na Nigéria, são imediatamente invocados para que fiquem encarregados de protegê-los.

Caso um dos gêmeos venha a morrer é exigido que se preste homenagem a esta criança, para que ela não leve a que ficou viva. Muitas estátuas de barro são encontradas nos templos para substituir o irmão falecido. Oferendas como doces e balas são facilmente encontradas nos *pejis* (altares).

Por seu temperamento infantil, essas divindades são jovialmente inconsequentes, brincalhonas, irrequietas e alegres. As crianças, de modo geral, gostam de estar em festas e em atividades esportivas e sociais.

No Brasil, o culto a Ibeji não é muito mencionado, sendo chamados de *erês*, que se manifestam em um tipo de irradiação que é própria do Orixá, após a sua incorporação, cuja intenção é relaxar o estado de transe que, dependendo da divindade, é muito forte.

Ibeji possui profundo poder mágico, exercendo grande respeito e encanto sobre as pessoas. Frequentemente são invocados nos casos de doenças, principalmente de crianças. Seu domínio é tudo o que nasce. São os patronos e protetores das crianças.

Lendas e Mitos

Existiam em um reino dois pequenos príncipes gêmeos, que traziam sorte a todos. Os problemas mais difíceis eram resolvidos por eles. Em troca, pediam doces, balas e brinquedos.

Esses meninos eram bons e caridosos, mas um dia, brincando próximos a uma cachoeira, um deles caiu no rio e morreu afogado. Outros relatos afirmam que um deles fora amarrado e jogado em um despenhadeiro, sob a ordem de um rei que não aceitava o prestígio de ambos.

Todos que viviam no reino ficaram muito tristes pela morte do príncipe. O gêmeo que sobreviveu não tinha mais vontade de comer e vivia chorando de saudades, pedindo a Orumilá que o levasse para perto do irmão.

Sensibilizado pelo pedido, Orumilá resolveu levá-lo para se encontrar com o seu irmão no Céu, deixando na Terra uma imagem de barro com os dois unidos de mãos entrelaçadas. Desde então, todos que precisam de ajuda deixam oferendas aos pés de Ibeji, para que seus pedidos sejam atendidos.

Mantêm-se até os dias de hoje os nomes dos gêmeos em segredo. Acredita-se que eles aparecem materializados ajudando crianças que sofrem violência.

O culto a Ibeji no Brasil é conhecido desde o século 16. No dia 27 de setembro, quando é realizada a festa aos gêmeos, os templos das religiões afro-brasileiras são enfeitados com bandeirolas e alegres desenhos.

No Candomblé, são amigos das crianças, com a capacidade de realizar qualquer pedido, feito em troca de doces e guloseimas.

OBALUAÊ

Atotô! – Oto, Silêncio!

Rei, senhor da terra, deus originário de Daomé, Obaluaê ou Omulú, sua forma mais velha, são nomes que substituem o Xapanã, deus da varíola, das doenças contagiosas e da peste, aquele que pune os malfeitores, enviando-lhes todos os tipos de doenças. Seu dia da semana é segunda-feira, seu elemento é a Terra e seu número regente o 13. O branco (paz e cura), o preto (conhecimento) e/ou o vermelho (atividade) são suas cores.

Sua origem se encontra na cultura daomeana, assim como a de sua mãe Nanã. As pessoas consagradas a este deus usam um colar chamado *laguidibá*, feito de pequenos anéis de chifre de búfalo.

Quando o deus se manifesta em um de seus filhos, o sinal de respeito é constatado em todo o Terreiro. O iniciado é coberto por uma roupa revestida de palha da costa e um capuz feito do mesmo material. Leva nas mãos o *xaxará*, seu Instrumento, uma espécie de vassoura ou bastão mágico feito de folhas de palmeira, decorado com búzios e cabaças contendo remédios, que passa nos visitantes durante a dança mítica, afastando qualquer tipo de doença. O Orixá dança curvado para frente, próximo ao chão, imitando o sofrimento e os tremores de febre, além de andar como um deformado. Seu culto é cercado de mistérios indevassáveis.

Nos Terreiros, Obaluaê avisa seus protegidos da aproximação de uma epidemia ou ajuda a curar a doença de algum convidado. O conjunto de búzios (*cauris*), utilizado na consulta ao oráculo africano, pertence a esse Orixá. Embora não seja o zelador do oráculo que pertence a Ifá, é através de Obaluaê que o jogador entra em contato com as forças mais poderosas do jogo de búzios.

Seu Domínio são a saúde e as doenças.

Lendas e Mitos

Nanã era considerada a deusa mais guerreira de Daomé. Um dia ela foi conquistar o reino de Oxalá e se apaixonou por ele. Mas Oxalá não queria se envolver com outra deusa que não fosse sua amada esposa, Iemanjá. Por isso, explicou tudo a Nanã, mas ela não aceitou o argumento.

Sabendo que Oxalá apreciava vinho de palma, ela o embriagou e ele, bêbado demais, deixou-se seduzir por Nanã, que ficou grávida. Como Nanã transgrediu uma lei da natureza, deu à luz a um menino horrível. Não suportando ver o filho, jogou-o no rio cheio de caranguejos, ficando ele com o corpo todo deformado. Por sua terrível aparência, passou a viver longe de todos.

De tempos em tempos os Orixás se reuniam para uma festa. Todos dançavam, menos Obaluaê, que ficava espreitando da porta, com vergonha de sua feiura. Ogum percebeu o que acontecia e resolveu ajudá-lo, trançando uma roupa de *mariwô*, uma espécie de fibra de palmeira, que lhe cobriu todo o corpo.

Com esse traje, Obaluaê voltou à festa e despertou o interesse de todos que desejavam saber quem era este Orixá misterioso. Iansã, a mais curiosa de todos os Orixás, aproximou-se. Naquele momento, formou-se um turbilhão. O vento levantou a palha, revelando um rapaz muito bonito.

Desde então, os dois Orixás vivem juntos e é por isso que a segunda-feira é consagrada a eles, que têm o poder de reinar sobre os *eguns* (mortos).

Obaluaê está relacionado às doenças, porém devemos explicar que uma doença grave pode ter um significado superior, servindo de libertação para os bons ou para forçar o indivíduo a mudar seu comportamento.

Vivendo com Iansã, Obaluaê acabou se comportando de maneira diferente, passando a entender a tortura que sofreu na infância. Assim, ele é respeitado e não pode ser considerado como um Orixá "submisso", ao contrário, é um deus muito temido e extremamente forte.

OSSAIM

Eu, eu assa! – Oh, folhas!

Assim como Oxóssi, Ossaim é um Orixá masculino, de origem nagô (iorubá) que, habita a floresta e não se manifesta nos filhos de santo. O verde (cura) e o branco (paz) são suas cores, e ele não tem número regente, porque não responde no Jogo de Búzios esotérico.

Seu elemento é o Ar e sua principal ligação é com as plantas e vegetais de modo geral, principalmente as destinadas à medicação. Cada Orixá tem suas folhas particulares, sem as quais nenhum ritual seria possível. Seu Instrumento é uma haste metálica de sete pontas com um pombo no centro.

Ossaim, *Osan* – luz divina, e *iyn* – glorifica, vive sozinho e cuida da preservação da natureza, pois é dono do conhecimento que lhe permite empregar devidamente as plantas na cerimônia. Tem um mistério em torno de si, pois é reservado e transmite somente para seus iniciados a magia de sua medicina. Para entrar na floresta e recolher as plantas e folhas para o culto, o sacerdote responsável deve observar algumas proibições ritualísticas, como a abstenção de sexo e de bebida alcoólica.

Deve também deixar numa clareira, uma oferenda que agrade o deus, contendo mel, moedas e fumo. Assim, o sacerdote tem condições de encontrar as folhas certas, guiado pelo Orixá que também o protegerá contra qualquer animal que eventualmente possa aparecer.

Enquanto Obaluaê tem poderes para causar doenças, Ossaim é capaz de curá-las. Por isso é considerado o Orixá da medicina. Sua presença é absolutamente indispensável na realização de qualquer festa ou cerimônia dos Orixás do Candomblé.

Seu domínio é as matas (florestas virgens, folhas e ervas). Sua dança mítica está relacionada à procura das folhas. Sua roupa é colorida e coberta por todos os tipos de plantas.

Lendas e Mitos

Ossaim era o filho caçula de Iemanjá e Oxalá. Desde pequeno vivia no mato e tinha uma habilidade especial para tratar qualquer doença, por isso viajava pelo mundo, sendo recebido com carinho pelo rei de cada tribo. Ele recebeu de Olodumarê o segredo das folhas, com esse conhecimento, passou a distinguir as folhas que curavam doenças, traziam vigor e deixavam as pessoas mais calmas, daquelas que eram venenosas ou nocivas.

Os outros Orixás invejavam o irmão, pois não tinham esse poder e dependiam dele para obter bons resultados em suas oferendas e orações. Ossaim cobrava por qualquer trabalho e aceitava em troca mel, fumo e cachaça como pagamento para as curas que realizava.

Xangô, que era temperamental, não admitia depender dos serviços de Ossaim. Então pediu à sua esposa, Iansã (Orixá que domina os ventos), para que as folhas voassem em direção a todos os deuses, assim cada um poderia exercer domínio sobre uma delas. Em meio à ventania provocada por Iansã, Ossaim repetia sem parar: *Eu, eu assa! Eu, eu assa!*, que significa "Oh, folhas! Oh, folhas!". Com a reza (embora cada Orixá tenha se apossado de uma folha), Ossaim evitou que seu poder fosse distribuído entre os irmãos.

Somente Ossaim conhece o *axé* de cada folha e o segredo de pronunciar as palavras mágicas para conservar o poder sobre elas.

Até hoje, com sua sabedoria, ele permanece como o zelador da natureza, o rei da floresta, sendo considerado o Orixá da medicina.

Ossaim consegue modificar sua aparência de Orixá, transformando-se em qualquer parte ou algo da floresta. Por isso, quando retiramos uma folha de uma árvore ou plantamos uma, devemos pedir licença para Ossaim.

É junto à floresta que aprendemos a ficar em silêncio, meditando, com o ritmo da natureza. Na verdade, através deste contato, estamos olhando para o nosso íntimo.

Ossaim é considerado o Orixá da ecologia.

OXUMARÉ

Arruboboí! – gbogbo, contínuo

Oxumaré, aquele que se desloca com a chuva, é um Orixá andrógino. Sua função é dirigir as forças que produzem o movimento, a ação e a transformação. Seu dia da semana é terça-feira, suas cores, amarelo (conhecimento) e verde (saúde). Seu número é o 14, seus elementos Ar e Água.

Por ser bissexual, tem uma natureza dupla sendo representado na mitologia daomeana como uma cobra e um arco-íris, que significam renovação e substituição. Durante seis meses é masculino, representado pelo arco-íris, com a incumbência de levar as águas da cachoeira para o reino de Oxalá no *orum* (céu). Nos outros seis meses, Oxumaré assume a forma feminina. Nessa fase é a cobra, que vez ou outra se transforma em uma linda deusa, chamada Bessém. A dualidade de Oxumaré faz com que carregue todos os opostos e antônimos básicos dentro de si: o bem e o mal, o dia e a noite, etc.

Seu Instrumento é uma serpente de metal. Como uma cobra, ele morde a própria cauda, formando o símbolo ocidental do ouroboros, gerando um movimento circular contínuo que representa a rotação da Terra e o próprio movimento incessante dos corpos celestes no espaço.

Oxumaré é cultuado como o deus da riqueza em diversas regiões, simbolizado por uma grande cuia com moedas entre seus apetrechos de culto. É um Orixá que representa as polaridades contrárias, como o masculino e o feminino, o bem e o mal, a chuva e o tempo bom, o dia e a noite, respectivamente, através das formas do arco-íris e da serpente.

Em algumas regiões da África, a fama de Oxumaré ultrapassa a de sua mãe, Nanã.

Seu domínio é o arco-íris e a cobra.

Lendas e Mitos

Nas lendas iorubanas e daomeanas, Oxumaré é filho de Nanã e Oxalá. Nanã, obcecada pela ideia de ter um filho com Oxalá, concebeu o primogênito Obaluaê que, por sua terrível aparência, foi desprezado por ela.

A deusa consultou o Ifá e este a orientou que, numa segunda tentativa, daria à luz um filho lindíssimo, tão formoso quanto o arco-íris. No entanto, preveniu-a sobre o fato de que a criança jamais ficaria ao seu lado.

Oxalá recusou a união com Nanã de todas as maneiras, mas acabou novamente embriagado pelo vinho de palma. Nanã chegou a mudar de forma, transformando-se na imagem da esposa de Oxalá e, assim, conseguiu engravidar.

Seu sonho parecia realizado até o momento do parto, quando deu à luz a uma cobra que recebeu o nome de Oxumaré.

Ela não conseguiu amamentá-lo, mas reuniu toda a sua força de Orixá, segurando-o com força e lançando-o para o espaço. Durante seis meses a criatura tomava a forma de um arco-íris, cuja função era levar água para o castelo de Oxalá, que morava no *orum* (céu).

Depois de seis meses e cumprida a tarefa, Oxumaré voltava, assumia a forma de uma cobra de proporções gigantescas e, mordendo a própria cauda, dava a volta em torno da Terra, para gerar o movimento de rotação, bem como o trânsito dos astros no espaço.

Para os antigos, no período em que Oxumaré se mostra como um arco-íris, ele é bondoso e amável com todos, mas se torna violento quando transformado em cobra.

EWÁ

Rinró! (valor concebido)

Ewá é um Orixá feminino, mas não é Iansã ou Oxum, embora seja frequentemente confundida no Brasil com esses Orixás. É a cobra fêmea de Oxumaré, a deusa de um rio do mesmo nome da Nigéria. Seu dia da semana é terça-feira, suas cores vermelho (atividade) e amarelo (conhecimento), seu número é o 14. Elementos de Ewá são o Ar (raios) e Água (doce). Seu Instrumento a cobra de metal ou espada.

Na África, é associada com Iemanjá e não é muito cultuada no Brasil. Diz-se que Ewá usa uma coroa que se alonga até a altura dos quadris, feita de palha da costa e búzios. Segundo pesquisadores nigerianos, Ewá poderia ser considerada na verdade Obá, ou seja, ambas seriam o mesmo Orixá, mas cada uma recebeu nomes diferentes em localidades distintas.

Outras fontes revelam que teria sido a primeira esposa de Xangô, mas devido ao temperamento autoritário do Orixá dos raios, Iansã, ela o abandonou para viver sozinha.

Posteriormente se apaixonou por Oxumaré, dividindo com este as funções de levar a água da terra para o *orum* (Céu) equilibrando as forças da Terra.

Seu domínio é sobre as águas doces (nascente do rio), porém, Ewá seria a irmã mais velha de Iansã, por isso teria também o domínio sobre os ventos do local onde habitaria as águas de um rio próximo ao rio Oxum.

Lendas e Mitos

Ewá era uma linda mulher que morava em um reino distante de Ifé. Parecia-se mais com uma princesa, causando admiração por onde passava ou por quem conseguisse vê-la.

Por tamanha formosura, quem por ventura a observava, transformava-se imediatamente em um ser horrível. Por isso, decidiu viver afastada, às margens de um rio. Assim podia invocar as forças dos ventos e das chuvas para favorecer as colheitas dos seres humanos.

Um dia, quando se banhava no rio, um arco-íris se formou diante dela. Quem poderia ser? Quem ousaria chegar perto sabendo que se transformaria em um monstro?

A imensidão da luz impressionou Ewá, a qual sentiu que alguém a protegia e envolvia. Ela tentou correr para contar a Opelé-Ifá o que presenciara, mas assim que deixou a água, olhou para trás e viu que o arco-íris desaparecera, restando muitas moedas de ouro no local.

No outro dia a cena novamente se repetiu. Ela seguiu em direção ao arco-íris para ver onde terminaria e, desta forma, acabou distanciando-se do local que habitava.

Ewá nadou por três dias e três noites, até chegar a outra ponta do arco-íris. Neste local havia uma coroa de ouro e Ewá tomou-a em suas mãos.

Neste instante, Oxumaré (o Orixá da riqueza) apareceu diante dela, dizendo-se encantado com sua beleza.

Ewá se apaixonou por ele e pediu-lhe que a transformasse em um Orixá. Assim, ela se transformou numa cobra e foi viver com Oxumaré. E ambos viveram felizes.

O arco-íris revela-se cada vez mais expressivo e colorido quando os dois Orixás estão juntos.

OXALÁ

Epa, Babá! – Salve, pai!

Chamado de Obatalá na África, Oxalá é o mais importante e elevado dos deuses iorubanos. *Oxa*, significa luz, e *alá*, branco, cor que ele carrega. Seu dia da semana é sexta-feira. Seu número é o 10. Seu elemento o Ar. Seu Instrumento o *opaxorô* (espécie de cajado).

Oxalá foi o primeiro Orixá a ser criado por Olodumaré, o Deus supremo, por isso, representa o Céu e o princípio de tudo, não como espaço físico, mas como envoltório protetor da Terra, tendo sido encarregado por Olodumaré de criar o mundo.

Do seu relacionamento com Iemanjá resultou o nascimento dos Orixás. Essa união está representada pela linha do horizonte, dividindo o céu e o mar. É considerado o pai de todos os Orixás da cultura iorubana.

Em algumas lendas, Oxalá se apresenta como um Orixá feminino ou mesmo andrógino em outras.

Uma característica marcante de Oxalá é a aura de respeito que existe em torno do seu nome, pois, após a criação, foi para seu reino com Iemanjá. Ele se apresenta com diversas formas.

As mais conhecidas são a representação de um jovem chamado Oxaguiã, e um mais velho, chamado Oxalufã, que carrega o *opaxorô* (cajado) como forma de apoio.

Seus adeptos usam colares brancos e roupas claras às sextas-feiras, em sinal de respeito.

Existe uma versão da lavagem com as águas de Oxalá que acontece todos os anos na Bahia, representando a limpeza e a devoção em relação ao pai de todos os deuses.

O respeito a Oxalá é demonstrado principalmente nos Terreiros. Seu domínio é o Ar (céu) e a criação.

Lendas e Mitos

Oxalufã (a versão velha de Oxalá), um rei idoso que andava apoiado em seu cajado, o *opaxorô*, resolveu visitar seu filho, Xangô. Ele consultou um *babalaô* para saber como seria a viagem e viu que não era momento de viajar. Teimoso, foi então instruído a levar três roupas brancas e limo da costa (pasta extraída do caroço de dendê) e fazer tudo o que lhe pedissem. Atento aos avisos, Oxalufã partiu.

No caminho encontrou Exu Elepô, dono do azeite de dendê. Ele pediu a Oxalufã que o ajudasse a colocar um pote no ombro. Lembrando-se das palavras do *babalaô*, resolveu auxiliá-lo, mas Exu Elepô, que adorava brincar, derramou o dendê sobre Oxalufã, que manteve a calma, limpou-se no rio com um pedaço de limo, vestiu uma roupa branca nova e seguiu viagem.

Mais adiante, encontrou Exu Onidú, dono do carvão, e Exu Aladi, dono do óleo do caroço de dendê. Por mais duas vezes foi vítima dos brincalhões e procedeu como da primeira vez, limpando-se, vestindo roupas brancas e limpas e continuando sua caminhada.

Ao se aproximar das terras do filho, avistou um cavalo que dera de presente a Xangô tempos atrás. Resolveu amarrá-lo para levá-lo ao filho, mas foi preso e espancado pelos soldados de Xangô, que o julgaram um ladrão. No cárcere, triste e solitário, usou seus poderes. Fez com que não chovesse a partir daquele dia. Assim, as colheitas foram prejudicadas e as mulheres ficaram estéreis.

Xangô consultou um *babalaô* e ficou sabendo que uma injustiça cometida sete anos antes estava provocando aquela situação. Ele foi até a prisão e reconheceu o pai. Envergonhado, mandou libertá-lo. A partir daquele dia, exigiu que todos no reino se vestissem de branco em sinal de respeito ao pai.

Oxaguiã (forma jovem de Oxalá), almejava ter um reino só seu. Em um período de guerra os *babalaôs* disseram para todos se vestirem de branco e oferecer inhame pilado para o Orixá da paz. Depois que o alimento foi entregue, a paz voltou a reinar. Desde de então, o "socar do inhame no pilão" representa fartura, fecundidade e fertilidade para as mulheres que desejam engravidar.

ORÁCULO E ADIVINHAÇÃO

Várias espécies de oráculos possibilitam às pessoas descobrirem acontecimentos ligados ao futuro e a expressão da vontade dos deuses ou dos seus ancestrais.

Em tempos remotos, não havia a escrita, apenas complexos métodos de adivinhação que contavam com um tipo de registro, empregando objetos da natureza para fazer previsões. Tais objetos eram manipulados por aqueles que acreditavam em seu poder, como os sacerdotes das tribos.

O mais famoso método nigeriano é o Ifá, que foi adaptado depois por todos os países vizinhos. Ifá é um espírito frequentemente identificado com Orumilá, que, por sua vez, é o chefe conselheiro de Oduduwa.

Em algumas versões, Orumilá (o deus do céu ou, traduzindo, "o céu conhece a salvação") dirigiu a criação sob as ordens de Deus. Quando tinha os elementos necessários à criação, mandou que as estrelas chamassem todos os deuses, mas o único que respondeu ao chamado foi Orumilá.

As estrelas disseram que o material para a criação do mundo estava contido em um saco, conhecido como "o saco da existência", dentro do qual havia um apetrecho fundamental, uma casca de caracol. Orumilá pegou o saco e desceu sobre a Terra, despejando sobre ela todas as coisas, colocando um pombo e uma galinha para esparramar a terra.

Este mito mostra que Orumilá viveu algum tempo na Terra, mas ficou entediado, voltando para o Céu e deixando os homens desamparados e sem orientação. Apareceu então Olokun (*Okun*, mar), que fez o mar invadir a Terra.

Orumilá ficou com pena, pois o contato entre os homens e Deus ficou debilitado. Por isso, criou Ifá como meio de comunicação entre a humanidade e as divindades.

Os iorubás acreditam que Deus teria enviado Ifá ao mundo para pôr ordem em tudo, fazendo as adivinhações necessárias, por exemplo, acerca da colheita do ano, das decisões dos governantes do mundo, das doenças e epidemias que poderiam assolar a população, etc.

Ifá desceu do Céu e foi parando em várias cidades no caminho, fundando centros de consulta. Mas só se deu por satisfeito quando chegou à cidade de Ifé, onde fixou residência, tornando-se a capital do seu culto. Ele falava vários idiomas, tanto do Céu como da Terra, por isso era capaz de dar conselhos aos povos de vários países, transmitindo os recados de todos os deuses. Como curandeiro e mágico, apresentava suas mensagens através de provérbios e revelava as orações pelas quais os mortais poderiam cultuar os deuses.

Originariamente, a adivinhação de Ifá era realizada através do método Opelé-Ifá, com um colar feito de dezesseis meias nozes de dendê que, ao cair, formavam combinações num tabuleiro divinatório.

Nesta prática não existe perda momentânea de memória, mas se faz necessária uma iniciação totalmente intelectual. Uma das exigências do culto é que o "olhador" (nome que se dá a quem faz a leitura) decore os 256 *odus* (respostas semelhantes às obtidas através do I Ching, oráculo chinês), cujo conjunto forma uma espécie de transmissão oral dos conhecimentos tradicionais de adivinhação.

Todo indivíduo ao nascer está ligado a um desses 256 *odus,* que traduz sua identidade profunda, seu "eu interior", através do mito. Por meio da descoberta deste *odu,* é revelado ao consulente seu Orixá protetor, orientando-o na direção do sucesso.

Este é o mais complicado dos métodos divinatórios nigerianos e constitui um código secreto, cuja transmissão, segundo a tradição, só é autorizada a pessoas do sexo masculino. Por isso, neste livro, não apresentaremos esses 256 *odus* específicos.

Existem três sistemas de adivinhação realizados com:

- Dezesseis caroços de dendezeiro (semelhante ao jogo de búzios);
- Opelé-Ifá;
- Dezesseis búzios, em que Exu é o mensageiro.

O Ifá sofreu uma aculturação dos muçulmanos como, por exemplo, a prática de jogar com um *aladori* (pano amarrado na cabeça), ou fazer orações às quatro horas da manhã. As argolas utilizadas no jogo lembram o rosário cristão, formadas por contas atadas por um fio em forma circular, numa disposição representativa dos dez principais Orixás.

O olhador não conhece o transe místico, devendo manter sua lucidez, pois este é um traço africano.

No interior da Nigéria, a tradição do Ifá era transmitida de pai para filho, de forma oral, levando, em média, doze anos para o ensino, e as crianças eram severamente castigadas quando não acertavam na prática.

É frequente em todas as lendas a presença de um mensageiro relacionado ao oráculo, sem o qual qualquer tipo de consulta não tem sucesso. Os iorubás têm inúmeras imagens de um mensageiro chamado Exu, que é também o guardião dos seres humanos. Sua imagem é habitualmente encontrada nas portas das casas ou na entrada das aldeias. Seu caráter é imprevisível, tornando-se às vezes zombeteiro e em outras encarnando a fúria dos Orixás, caso os homens violem algum tabu ou não prestem as homenagens devidas aos deuses. Exu é muito poderoso e só Olorum, o Deus Supremo, consegue fazer com que ele se curve, tal a sua determinação.

Como trataremos do Jogo de Búzios num contexto esotérico, analisando as caídas e a mensagem de cada Orixá através de seu conteúdo arquétipo, julgamos desnecessário que o leitor tenha algum tipo de obrigação para com os Orixás ou faça parte de algum culto específico.

O JOGO DE BÚZIOS

razido por sacerdotes de culto ou *babalaôs*, entre os séculos 16 e 18, *Jogo de Búzios* foi o nome usado para especificar o oráculo nigeriano no Brasil. Constituído por 16 búzios, (espécie de conchas do mar) abertos e 1 fechado denominado *Oxetuá*, que representa o mensageiro ou o Exu do jogo. Além disso, ele também representa o *axé* dos 16 Orixás presentes na leitura do oráculo (consulte ilustrações da página 111). O nome *Oxetuá* deriva do Orixá do mesmo nome, filho de Oxum e de Orumilá, uma variação (qualidade) de Exu.

O que é importante saber

Cores, dias da semana, características particulares dos Orixás, tudo isso deve ser levado em consideração para uma boa leitura.

Pode-se se enfeitar a toalha, a mesa ou a peneira do jogo, colocando-se algumas guias dos Orixás em volta das argolas que estes representam. As guias são colares de contas que também servem para proteger a consulta de eventuais cargas negativas. Para cada colar são necessários 100 g de miçangas. A argola de cada Orixá deve ser feita com 32 contas passadas por um fio de linha resistente, amarrado por um nó muito bem feito (para não desmanchar). O ideal seria ter 16 guias protetoras, mas como essas miçangas são caras, geralmente importadas, convém ter ao menos a guia de Exu, a de Oxalá e as referentes ao seu Orixá protetor.

Uma questão sempre presente para os que se iniciam na leitura de um oráculo é: deve-se ou não cobrar pela consulta?

Em minha opinião, isso varia de acordo com a pessoa. Ao exercitar a leitura de oráculos como profissão, recomendo que se faça a doação de um dízimo ao plano astral. Há várias maneiras de "encaminhar" essa importância: a orfanatos, asilos, ONGs, etc. Se preferir, pode optar pela compra de livros espiritualistas, pois esse enriquecimento pessoal fará com que você abra muitas portas a outras pessoas.

O que não pode existir é a ganância de enriquecer. As pessoas de boa-fé procuram receber, através do oraculista, uma mensagem que alivie seu sofrimento ou aponte uma direção para suas dúvidas. Lembre-se de que parte da capacidade de leitura se deve à sua intuição, mas outra, à bênção dos deuses. Neste tipo de arte divinatória você está resgatando um carma, sempre rumo à evolução.

Em hipótese alguma sacrifique animais para a leitura de búzios. Esse ato é arcaico e primitivo. Como já mencionei, desenvolvi esse método para que ele se torne uma ferramenta espiritualista de qualidade e bondade. Outro detalhe: a consulta é feita com o olhador e o consulente "conscientes" (sem o transe mediúnico), para que, a cada jogada, este último possa se identificar com a leitura e guardar na memória as respostas oferecidas pelo oráculo.

Cores dos Orixás

Veja o significado das cores de cada Orixá para que você possa montar suas argolas:

Branco: frio, imobilidade, silêncio, criação.

Preto: cultura, conhecimento, a terra, os mortos.

Vermelho: sangue, guerra, fogo, atividade sexual, geração, movimento. Cor que alerta contra os perigos.

Marrom: os mesmos significados do vermelho.

Amarelo: cor benéfica, que invoca riqueza, inteligência, fecundidade, fertilidade.

Azul-escuro: associado a terra e ao ferro, representa a agressividade.

Azul-claro: suavidade, destreza.

Verde: natureza, vegetação, mistério das florestas, poder das folhas, transformação da matéria.

Agora veja como montar as argolas dos Orixás usando essas cores:

Exu: contas em tons de vermelho fosco, intercaladas com preto fosco.

Oxum: contas em tons de amarelo-dourado cristalino (transparente).

Iansã: contas em tons de vermelho fosco ou marrom fosco. As duas cores também podem ser intercaladas.

Oxóssi: contas azul-turquesa fosco; se preferir, pode intercalar contas azuis de várias tonalidades.

Ogum: contas em tons de azul-escuro fosco.

Xangô: contas brancas, intercaladas com vermelhas, ambas foscas. Também podem ser feitas só no tom marrom fosco ou intercalando as três cores.

Ossaim: contas em tons de branco leitoso, intercaladas com outras em verde leitoso; ou contas brancas com riscos verdes.

Obá: contas em tons de vermelho-rubi fosco.

Obaluaê: contas em tons de branco fosco, intercaladas com contas de tom preto fosco (e também vermelho fosco, em homenagem a Omulú). Pode-se usar ainda o *Iaguidibá* (colar feito de argolas de chifre de búfalo) preto ou vermelho (tingido); ou intercalar esse material com contas de coral.

Oxumaré: contas em tons de verde-claro cristalinas, intercaladas com outras em tons de amarelo cristalino (transparente), ou contas de cristal verde-claro com riscos amarelos.

Ewá: contas em tons vermelho-escuro cristalino, intercaladas com contas em tons de amarelo ou dourado cristalino.

Oxalá: contas em tons de branco leitoso.

Nanã: contas de louça em tons de branco leitoso, com riscos azuis ou riscos azuis e vermelhos. Também se utilizam contas em tons de lilás fosco (raramente).

Iemanjá: contas em tons de branco transparente.

Logun-Edé: contas em tons de azul-turquesa fosco, intercaladas com amarelo-dourado transparente.

Ibeji: contas de todas as cores misturadas (foscas e transparentes).

Mandala de Búzios

Ao longo dos anos, podemos ter a influência de diversos Orixás. A Mandala de Búzios, seguida da correspondência dos anos, mostra qual Orixá rege determinado período de nossa vida.

Quando ocorre a fecundação, o Orixá Exu está presente. Ele é o mensageiro, regente de tudo o que se refere a uma nova vida. Até os oito anos, podemos ficar sob as graças de Ogum, que participou na construção de nossa personalidade. Durante esse período estamos mais suscetíveis a machucados, cortes e pequenos acidentes domésticos.

Dos oito aos dezesseis anos, predomina a presença de Oxóssi, que influencia nossos relacionamentos sentimentais, promove a dúvida em relação à profissão que devemos escolher e causa divergências no nosso relacionamento com a família.

Já dos dezesseis aos vinte e um anos, o Orixá Xangô está atuando sobre nossa personalidade. O aspecto profissional está mais definido, rumo a uma ascensão. Por volta dos vinte e cinco anos, a pessoa começa a entender melhor sua sexualidade e a do parceiro. Nesta época, passa a ambicionar postos de liderança nas empresas e até mesmo viagens para o exterior. Este seria o domínio de Iansã.

Aos vinte e oito anos estamos sob a proteção de Oxum. A preocupação fica mais voltada ao lar e aos filhos. A necessidade de segurança nos relacionamentos afetivos é acentuada.

Dos vinte e oito aos trinta e dois anos, pode-se dizer que somos influenciados por Obá, quando as preocupações continuam concentradas nos filhos e nos problemas do dia a dia.

E dos trinta e dois aos trinta e seis anos, Logun-Edé favorece um período de expansão, boa sorte e mais tranquilidade, à medida que os filhos estão crescendo.

Na fase seguinte, dos trinta e seis aos quarenta anos, Iemanjá exerce sua influência, tornando as pessoas mais tranquilas e tolerantes.

Dos quarenta aos cinquenta anos, pode-se obter a segurança financeira (bem imóvel) e uma poupança para o futuro, sob a inspiração de Nanã/Ibeji, e também nessa fase pode aflorar o zelo em relação aos netos.

Obaluaê rege a fase seguinte, dos cinquenta aos sessenta anos, quando podem surgir problemas de saúde e o interesse tende a se voltar à vida espiritual.

Dos sessenta aos sessenta e cinco anos, Ossaim ensina o desapego em relação às coisas materiais e a importância da espiritualidade.

Chegando aos sessenta e cinco até os setenta anos, Oxumaré e Ewá nos dotam de pleno conhecimento e sabedoria.

Dos setenta anos em diante, Oxalá nos presenteia com a paz de espírito, onde atingimos a plena maturidade, o grau de mestre. Assim, em um ciclo natural, com a sabedoria acumulada em vida, preparamo-nos para a passagem espiritual, dando início a um novo renascimento de acordo com o ciclo das reencarnações.

Assentamento Oxetuá

O olhador (nome que se atribui a quem lê os búzios) deve ter, além dos 16, outros 4 búzios abertos que não farão parte da consulta, mas ficarão em um recipiente de barro com o *otá* (pedra onde reside a força do Oxetuá ou Exu do jogo). Pode-se colocar também algumas moedas dentro desse recipiente, para acentuar o valor mágico. Como oferenda, pode-se "dar de comer" aos búzios e ao *otá*.

Segundo a tradição africana, é possível adicionar mel, azeite de dendê, azeite de oliva e água a gosto, tomando cuidado para não cobrir a pedra, para não "afogar" o *otá* (Orixá).

Ao perceber que a mistura está evaporando, completa-se com mais uma dose dos ingredientes e água corrente. Aconselha-se nunca deixar secar. Essa oferenda no recipiente de barro, chamado "assentamento", deve ficar com o olhador ao lado do Jogo de Búzios, cuja função é aprimorar sua intuição além de protegê-lo para que nenhuma carga negativa permaneça no lugar onde está sendo realizada a consulta.

O "assentamento", empregado com essa finalidade, tem o mesmo significado do cristal usado por algumas pessoas quando leem Runas ou Tarô. Serve como um catalisador das energias alheias ao jogo que poderiam, de alguma maneira, interferir na leitura. Esse assentamento de Oxetuá é uma tradição iorubana e poucos o usam nos cultos do Candomblé.

Os ingredientes do assentamento têm origem em uma lenda nigeriana, cuja interpretação é a seguinte: quando você começar a consultar o oráculo, virão ao seu encontro todos os tipos de pessoas, boas ou más. Exu, com sua força mágica, receberá os fluidos negativos dessas pessoas, transferindo-os para o *otá*. As pessoas boas fluirão como a água limpa em sua vida. É interessante notar como, com o passar dos anos, o peso do recipiente aumenta, dando a impressão de que a pedra está "crescendo". Este tipo de assentamento é muito usado pelos nigerianos.

Na tradição nigeriana, este oráculo é atribuído, ainda hoje, aos zeladores de santo, ou seja, pessoas aptas a desvendar as respostas dos deuses através dos búzios.

Mesmo considerando o Jogo de Búzios como um oráculo independente do culto do Candomblé, que em seu ritual inclui a matança de animais (da qual eu discordo), é conveniente observar alguns fundamentos.

Dentre os cuidados necessários, apontamos:

- Conhecer as lendas e mitos para identificar o problema a ser resolvido, visando um melhor desfecho para cada questão.

- Estudar os arquétipos para ficar ciente de que o consulente é filho de Oxóssi, por exemplo. Ele indaga sobre a possibilidade da construção de uma casa. Conhecendo seu lado indeciso, saberemos de antemão que ele mudará de ideia muitas vezes durante a execução do projeto e, consequentemente, poderá atrasar a obra. Já o consulente filho de Ogum terá um plano mais elaborado, por ser esse Orixá associado às construções de modo geral. O filho de Xangô poderá se mostrar mais econômico e o de Oxalá poderá ficar preso aos detalhes, atrasando o prazo da obra. Com uma informação arquetípica de natureza simples, a consulta transcorre com mais segurança.

- Ler o maior número de livros e revistas especializados. Muitas das informações serão guardadas em seu subconsciente e poderão afluir no momento da consulta.

Não é preciso ser dotado de poderes excepcionais ou sequer ser médium para jogar os búzios da maneira que exponho aqui. O importante é respeitar a tradição e acreditar no poder divinatório do oráculo.

Identificando o Orixá de cabeça

É chamado de "Orixá de cabeça" o principal Orixá da pessoa. Geralmente, o olhador costuma identificar corretamente o Orixá do consulente. Mas pode acontecer de, em uma leitura, o consulente receber um determinado Orixá e outro olhador apontar um Orixá diferente. Isso também significa que ambas as leituras estão corretas. Como? Lembre-se de que o Orixá revela a natureza das pessoas. Tudo vai depender da simpatia ou confiança que você tem pelo olhador.

Para identificar o seu Orixá de cabeça, basta consultar o calendário permanente (Tabelas A, B e C das páginas 106-107) e jogar os 16 búzios abertos, conferindo o resultado com a tabela dos Orixás que respondem às caídas dos búzios (páginas 115/116). Comparando os dois resultados, será possível determinar o seu Orixá.

Por exemplo, uma pessoa que nasceu dia 18 de julho de 1966, pelo calendário permanente, uma segunda-feira, pode ser filho de Iansã, Obaluaê ou Iemanjá. Em uma jogada com os 16 búzios abertos, temos como resultado 13 búzios abertos e 3 fechados (Obaluaê/Nanã); logo, o Orixá de cabeça da pessoa pode ser Obaluaê. Depois, verifique se o consulente tem as características desse Orixá. Caso não tenha, você pode lançar os 13 búzios abertos e ter uma nova caída para determinar com qual deles ele mais se assemelha. Por exemplo: 9 búzios, Iansã.

É importante lembrar que você vai obter confiança nesta identificação ao longo dos anos e de estudo sobre o tema. A intenção não é torná-lo um sacerdote de culto, com a responsabilidade de acertar o Orixá das pessoas que o procuram, mas fazer com que esse jogo torne a consulta proveitosa e o consulente tenha suas dúvidas sanadas.

Personalidade dos Orixás em relação aos dias

Além dos arquétipos de cada Orixá, pessoas nascidas no mesmo dia da semana apresentam certas características semelhantes, conforme descrevemos a seguir pessoas nascidas às:

Segundas-feiras: são pessoas com fortes tendências místicas e o dom de cura pronunciado. Consideram-se "bem resolvidos", "donos do próprio nariz". São responsáveis e respondem por seus atos. Estudiosos e prestativos podem ser teimosos. Acreditam no potencial das pessoas. São filhos de Iansã ou Obaluaê.

Terças-feiras: são práticos, rápidos e objetivos. Não têm tempo a perder. São líderes natos, com grande capacidade de iniciativa. Possuem certo ar de mistério, boa memória e forte individualismo que os tornam egocêntricos. São filhos de Ogum, Oxumaré e raramente de Nanã.

Quartas-feiras: embora extremamente justos e corretos, jamais esquecem uma ofensa. Falam somente o necessário e não perdem tempo com futilidades. São ambiciosos, visionários e gostam de deixar todas as situações muito bem esclarecidas. São filhos de Xangô, Iansã e raramente de Obá.

Quintas-feiras: são criativos, sonhadores e românticos. Versáteis, mostram-se também um pouco indecisos. Mudam de opinião várias vezes sobre o mesmo assunto. Extremamente joviais e simples, são ainda comunicativos, expressando seu intelecto através do dom da oratória. São filhos de Oxóssi e de Logun-Edé.

Sextas-feiras: inteligentes, tranquilos, serenos e reservados. Disciplinados, pensam muito antes de agir. São modestos e têm um ar de bondade, manifestando carinho com as pessoas e os animais. Falam só o necessário. São filhos de Oxalá.

Sábados: são maternais, intuitivos e carinhosos. Sabem como agradar as pessoas. Alguns podem ficar presos às lembranças do passado. Estão sempre prontos a dar uma palavra amiga. São bons comerciantes e amadurecem precocemente. São filhos de Oxum ou de Iemanjá.

Domingos: generosos e alegres, estão sempre conversando com um jeitinho maroto. Adoram doces e chocolates. Parecem irresponsáveis, mas é só aparência. São afetuosos, nascem com muita sorte e compete a eles saber utilizá-la. São filhos de Oxalá, de Oxum ou de Logun-Edé. Podem ter características de Ibeji.

Como descobrir os três Orixás protetores

No Brasil, é comum ter a proteção de três Orixás, de preferência com a alternância de sexo. Para descobrir quais são os seus, basta jogar para você mesmo e analisar o número de búzios abertos e fechados (páginas 115-116). Também vale cruzar o resultado com o das tabelas A, B e C (páginas 106-107). Por exemplo: ao identificar-se com Oxum, seu segundo Orixá poderá ser Oxóssi e o terceiro, Iansã. Leia abaixo as características dos seus "filhos", os arquétipos dos protegidos dos deuses africanos. Lembrando de que no Candomblé Ketu não existem filhos de Exu, Ossaim e ibejis.

Ogum: prático, raramente muda de opinião em relação aos seus sentimentos. Constrói as coisas para que sejam permanentes, principalmente no que se refere ao amor. O protegido do deus Ogum guarda bem seus segredos quando se trata de confidências, mas pode ser um especialista em "jogar verde para colher maduro". No início do relacionamento, é possessivo e exageradamente briguento quando enciumado. Gosta de se vestir bem e do conforto de sua casa. Aprecia esporte, especialmente o futebol e esportes radicais. Não peça para ele fazer qualquer tipo de trabalho doméstico (a não ser que seja fora da casa). Música e instrumentos musicais agradam bastante. Costumam ser fiéis depois do casamento. A maioria dos filhos de Ogum (90%) são do sexo masculino.

Oxóssi: ágil, tanto mental como fisicamente, algumas vezes é uma pessoa demasiadamente romântica. Acredita em tudo e em todos e sua maior fraqueza é a indecisão. Faz várias coisas ao mesmo tempo e não termina nada. Versátil, conhece todos os assuntos. Veste roupas práticas, jeans e camisetas são seus favoritos. Amável com os amigos e sincero, livra-se das responsabilidades com diplomacia. Quem está sob a proteção do deus Oxóssi é uma pessoa do mundo e tem facilidade em ganhar dinheiro; o problema é que ele gastará no primeiro shopping que encontrar. Cerca de 60% dos filhos de Oxóssi são do sexo masculino e 40% são do sexo feminino.

Xangô: sabe tratar de negócios como ninguém e desperta todo o tipo de emoção nas pessoas, exceto a indiferença. Tem o dom de convencer e sempre acha que está certo. Às vezes se torna intratável, inflexível e jamais admite que está errado, indo até ao extremo para desacreditar seu inimigo. Tem aversão a hospitais, a doentes e pode ser considerado um hipocondríaco. Possui certa tendência a engordar graças ao seu prazer em se deliciar com qualquer tipo de comida e doces. Ou você fica encantado com ele e passa a admirá-lo ou não suporta a sua presença. Quem está sob a proteção de Xangô, pode ter uma vocação para trabalhar com a política. Xangô pode ter filhos e filhas, mas 80% são do sexo masculino.

IANSÃ: extrovertida, ambiciosa, com temperamento forte e franca, sempre deixa o outro em desvantagem; estas são algumas características da pessoa protegida pela deusa Iansã. Casa-se mais de uma vez e adora estar apaixonada. Geralmente é afetuosa e alegre, mas quando provocada pode ser áspera e rude. É um vulcão de emoções. Aprecia temas espiritualistas. Cuida muito da sua aparência e a ideia de envelhecer a deprime. Não gosta de trabalhos domésticos. Não tem restrições nem limitações; é uma pessoa emancipada. Chega sem nenhum aviso e vai embora com igual rapidez. Aproximadamente 90% dos filhos de Iansã são do sexo feminino.

OXUM: com fala suave e maneiras agradáveis, está sempre tentando ajudar as pessoas. Consciente do que está na moda, expressa-se com bom gosto. Paga para não entrar numa briga. Altamente intuitiva, sente no ar algo ruim quando está para acontecer. É uma anfitriã maravilhosa e não gosta que falem mal dos outros. A protegida da deusa Oxum é a melhor das amigas e não percebe a intenção maldosa dos seus inimigos. As pessoas sentem confiança diante do seu dom de saber ouvir. Extremamente romântica, nasceu para amar e ser amada. Boa esposa e mãe. Cerca de 90% dos filhos de Oxum são do sexo feminino.

OBÁ: protótipo da honestidade, simplicidade e força moral, aparentemente pode parecer "pesada" e antipática, mas quem a vê, tem a certeza de que está diante de uma guerreira. Obá fala com entusiasmo sobre liberdade e democracia. É uma feminista: aquilo que um homem pode fazer, ela provavelmente fará melhor. Não é muito popular, pois guarda ressentimentos com facilidade. A vida parece difícil para ela, principalmente no aspecto sentimental. A protegida de Obá passa por períodos de depressão profunda e é provável que prefira viver sozinha na idade madura.

Logun-Edé: imaginativo, destaca-se nas artes em geral, como literatura, música, teatro e dança. Vive cercado de amigos e é alguém que sabe aproveitar a vida, disposto a deixar que os outros vivam em paz. Possui vontade firme e autoconfiança narcisista, perseguindo seus objetivos com precisão e de maneira discreta. Não escolhe suas amizades, ao contrário; é sempre assediado por pessoas que gostam da sua companhia. Ser incomodado é algo que o aborrece, pois é gentil mesmo com seu pior inimigo. O protegido do deus Logun-Edé brilha cedo nos meios de comunicação. Cerca de 90% dos filhos de Logun-Edé são do sexo masculino; assim sendo, as filhas representam a minoria.

Nanã/Obaluaê: peritos em autopreservação, são reservados e guardam para si qualquer tipo de ambição. Discretos, dignos de confiança e estudiosos, tendem a seguir profissões nas quais se prestem a ajudar os outros. Raramente cometem erros em assuntos importantes. Excelentes juízes do caráter humano serão muito prestativos a qualquer hora do dia ou da noite. Peça e eles o atenderão com amor. Insultar ou acusar alguém resulta em algo inútil para eles, pois acham inconcebível falar tais coisas na ausência do acusado. Qualquer presente que se dê a eles será visto pela última vez, pois será guardado dentro do armário para sempre; aparentam mais idade do que têm. No Brasil, 99% dos filhos de Nanã são mulheres e os *eleguns* de Obaluaê são 60% masculinos e 40% femininos.

Oxumaré/Ewá: místicos de nascença, são graciosos e querem trafegar pelas coisas mais requintadas da vida. Astutos, não precisarão se preocupar com dinheiro, pois provavelmente alguém os sustentará com o maior prazer. Confiam mais nas suas vibrações do que nos conselhos dos outros. Seus admiradores são fascinados por sua beleza andrógina. Podem mudar de personalidade a cada seis meses, tornando-se uma pessoa totalmente diferente, jovem e prontas para uma nova Os filhos de Oxumaré são 70% homens e 30 mulheres, e de Ewá 100% mulheres.

IEMANJÁ: honesta, amiga das crianças e dos animais, assim é um afilha de Iemanjá, que tende a fazer somente aquilo que é previsto, por isso sua mente não é tumultuada. Ela abraça com amor a profissão escolhida, mesmo que seja a mais simples. Humanitária, está sempre torcendo pelo sucesso de todos que a rodeiam. Consegue aquilo que quer, sem recorrer à força ou à violência. Frágil, sensível, ela é chorona, principalmente quando é repreendida. Pode ser considerada chata por alguns e confia em poucas pessoas. Tem propensão a ter nádegas ou seios grandes; é o arquétipo da grande mãe. Depois que se casa, abandona a profissão para cuidar do marido e dos filhos. A maioria dos filhos de Iemanjá são do sexo feminino, cerca de 95%; há alguns casos raros de filhos.

OXALÁ: calmo, criativo, adora inventar. Qualquer brinquedo é motivo para ser montado e desmontado. Este é seu maior desafio: entender como as coisas funcionam nos mínimos detalhes. A tranquilidade, dignidade e forte moralidade o impedem de recorrer a meios desonestos para atingir seus objetivos. Gosta de se isolar e evita ficar em lugares com muitas pessoas. Muito atencioso, não sabe disfarçar suas emoções; tem dificuldade de cortar laços afetivos com os pais (especialmente com a mãe). Bom gosto é sua palavra-chave. Não abuse de sua paciência, porque depois qualquer argumento será inútil. Acredita-se que 90% dos filhos sejam do sexo masculino.

	TABELA A				TABELA B											
					Jan	Fev	Mar	Abr	Mai	Jun	Jul	Ago	Set	Out	Nov	Dez
	25	53	81	09	4	0	0	3	5	1	3	6	2	4	0	2
	26	54	82	10	5	1	1	4	6	2	4	0	3	5	1	3
	27	55	83	11	6	2	2	5	0	3	5	1	4	6	2	4
	28	56	84	12	0	3	4	0	2	5	0	3	6	1	4	6
01	29	57	85	13	2	5	5	1	3	6	1	4	0	2	5	0
02	30	58	86	14	3	6	6	2	4	0	2	5	1	3	6	1
03	31	59	87	15	4	0	0	3	5	1	3	6	2	4	0	2
04	32	60	88	16	5	1	2	5	0	3	5	1	4	6	2	4
05	33	61	89	17	0	3	3	6	1	4	6	2	5	0	3	5
06	34	62	90	18	1	4	4	0	2	5	0	3	6	1	4	6
07	35	63	91	19	2	5	5	1	3	6	1	4	0	2	5	0
08	36	64	92	20	3	6	0	3	5	1	3	6	2	4	0	2
09	37	65	93	21	5	1	1	4	6	2	4	0	3	5	1	3
10	38	66	94	22	6	2	2	5	0	3	5	1	4	6	2	4
11	39	67	95	23	0	3	3	6	1	4	6	2	5	0	3	5
12	40	68	96	24	1	4	5	1	3	6	1	4	0	2	5	0
13	41	69	97	25	3	6	6	2	4	0	2	5	1	3	6	1
14	42	70	98	26	4	0	0	3	5	1	3	6	2	4	0	2
15	43	71	99	27	5	1	1	4	6	2	4	0	3	5	1	3
16	44	72	00	28	6	2	3	6	1	4	6	2	5	0	3	5
17	45	73	01	29	1	4	4	0	2	5	0	3	6	1	4	6
18	46	74	02	30	2	5	5	1	3	6	1	4	0	2	5	0
19	47	75	03	31	3	6	6	2	4	0	2	5	1	3	6	1
20	48	76	04	32	4	0	1	4	6	2	4	0	3	5	1	3
21	49	77	05	33	6	2	2	5	0	3	5	1	4	6	2	4
22	50	78	06	34	0	3	3	6	1	4	6	2	5	0	3	5
23	51	79	07	35	1	4	4	0	2	5	0	3	6	1	4	6
24	52	80	08	36	2	5	6	2	4	0	2	5	1	3	6	1

TABELA C						
Dom	**Seg**	**Ter**	**Qua**	**Qui**	**Sex**	**Sab**
1	2	3	4	5	6	7
8	9	10	11	12	13	14
15	16	17	18	19	20	21
22	23	24	25	26	27	28
29	30	31	32	33	34	35
36	37					

Tabela D - Descubra o dia da semana em que nasceu (Calendário permanente – 1901 a 2036)

Descubra o dia da semana em que você nasceu relacionando o dia, mês e ano do seu aniversário. Por exemplo: para saber em que dia da semana caiu a data 18/7/1966, procure na Tabela A o ano (66) e siga à direita, em linha reta, à Tabela B, até encontrar a coluna do mês de julho. O número encontrado (5) deve ser somado ao dia (18), resultando 23, que, na Tabela C (dia da semana), corresponde à segunda-feira. Agora é só conferir qual Orixá representa o dia da semana em que você nasceu.

Segunda-feira	Iansã, Obaluaê, Iemanjá (raramente homens) e Ogum
Terça-feira	Ogum, Oxumaré, Ossaim, Nanã (somente mulheres)
Quarta-feira	Xangô, Iansã, Obá, Ewá
Quinta-feira	Oxóssi, Ossaim, Logun-Edé, Oxalá (homens)
Sexta-feira	Oxalá, Oxum ou Iemanjá (mulheres)
Sábado	Oxum, Iemanjá, Oxalá (homens)
Domingo	Oxalá, Oxum, Logun-Edé, Iemanjá

Preparando-se para consulta

Em uma mesa, abra sua toalha com a representação das argolas (caso você não tenha ainda uma toalha específica, use o encarte que acompanha o livro). Posicione o assentamento do lado que sua intuição dirigir (esquerdo ou direito). As indicações a seguir, embora não obrigatórias, tornarão o ambiente mais propício para a consulta.

- Tire os sapatos. Assim a energia fluirá mais positivamente, solados sintéticos (borracha, plástico) impedem o fluxo energético. É indicado que o consulente faça o mesmo. Esse gesto significa respeito e humildade. Estamos assim representando, de maneira sutil, o elemento Terra.

- O elemento Fogo é representado por uma vela acesa. Porém, se preferir, use um incenso.

- O elemento Água pode estar presente num recipiente de vidro, dissolvendo as tensões do espaço onde se realiza a leitura ou representado pelos líquidos contidos no assentamento de Oxetuá. Observação importante: é contraindicada a ingestão de bebidas alcoólicas antes ou durante a leitura.

- O Ar deve se manter o mais limpo possível, evitando-se o uso de cigarros.

- Antes de dar início ao jogo, forre a mesa com um pano branco. Esse gesto simboliza o desligamento daquele espaço com a energia local, criando uma espécie "campo sagrado".

- Posicione sobre ele as argolas, como na imagem da página 111.

- Depois, identifique o Orixá de cabeça (veja como fazer na página 102).

Ritual para consagrar as argolas e os búzios

Há um ritual para reforçar o *axé* das respostas de uma jogada com os 16 búzios abertos, que consiste no seguinte:

Coloque em uma bacia funda de louça as 16 argolas de contas, representando cada Orixá, os 16 búzios abertos e o búzio fechado, totalizando 17 *cauris*. Em seguida, se desejar, reforçar o *axé*, você pode alimentá-los com ingredientes vegetais e minerais, que substituem as substâncias extraídas de animais em determinados cultos africanos. Assim, o sangue animal pode ser substituído pelo *osum*, pó vermelho derivado do urucum, ingrediente de origem vegetal: o *efum* (espécie de giz) ou o anil substituem o "sangue branco" (saliva), e o "sangue preto" (metais, bebidas) é representado pelo carvão.

Comece com o *efum*. Dê preferência aos de formato redondo e de coloração mais amarelada, pois aquele em formato de giz, muito branco, não é indicado. Rale ou dissolva com a mão e salpique em pequena quantidade sobre os búzios e argolas como se estivesse "temperando" uma salada. A seguir, aplique o *osum* e por fim o carvão, repetindo o processo anterior. Escolha um mel de boa qualidade (em se tratando de despertar o *axé* do Orixá, sempre ofereça o melhor) e despeje a quantidade que julgar necessária sobre a mistura. O importante é que cubra as partes internas dos búzios. Complete com azeite doce (azeite de oliva), ou azeite de dendê (na quantidade indicada para temperar uma comida), de acordo com a preferência de cada Orixá. Respingue com os dedos um pouco de água corrente no recipiente que contém a mistura.

Iemanjá e Oxalá não recebem azeite de dendê, somente de oliva. Ogum e Oxóssi não aceitam mel, essa recusa é chamada *quizila*, o que significa que o Orixá não gosta dessa substância. Os Orixás andróginos, Oxumaré e Logun-Edé, recebem partes iguais de mel e azeite de dendê. Os demais Orixás recebem o azeite de dendê em maior quantidade que o azeite de oliva.

Misture e cubra tudo com um pano virgem (*amorim*) e deixe num lugar limpo, pode ser no chão, sobre uma toalha branca). Acenda uma vela de sete dias por três semanas consecutivas. Assim, os búzios ficarão energizados por 21 dias, num período de "consagração".

Depois de consagrados, você deve limpá-los, utilizando um pedaço de *amorim* branco para remover o excesso, deixando o líquido da bacia escoar para o ralo de uma pia, por exemplo. O restante deve ser removido com o uso de água corrente.

Para ajudar na limpeza, use o sabão da costa (uma barra de sabão de cor escura, que faz pouca espuma e pode ser tanto o brasileiro quanto o nigeriano). Esfregue o sabão nas mãos e lave os búzios e as argolas um a um, pedindo para o seu Orixá protetor estar presente. Para tanto, se preferir, coloque ao lado um copo com água e acenda uma vela.

Lembre-se: você está lidando com elementos da natureza. Em hipótese alguma utilize material de limpeza industrializado, como detergente ou sabão em pó. Também é desaconselhável ferver os búzios numa panela, por exemplo.

Esse ritual só se faz necessário uma vez. Se desejar repeti-lo, faça-o depois de um, três ou sete anos.

O local da consulta deve ser arejado e limpo. Evite levar os búzios para a casa do consulente a fim de não absorver a energia dele.

110 — O Jogo de Búzios

Essas considerações foram ensinadas a mim há mais de trinta anos, por um sacerdote de Ifá nigeriano. Talvez você não encontre os ingredientes para a consagração na sua cidade. Novamente deixo meu leitor à vontade para que, caso se sinta confortável em utilizar o jogo sem passar por este ritual de consagração, que assim o faça, pois ele não é obrigatório.

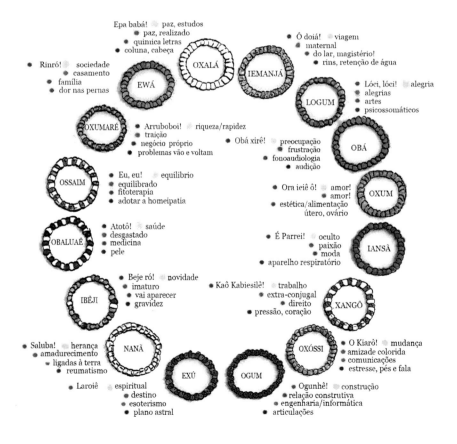

A JOGADA

Orixás que respondem às caídas dos búzios

Ao iniciar uma leitura, convém saber qual dos 16 Orixás se dispõe a responder ao oráculo. Um método simples de verificação é lançar os búzios abertos e identificar o Orixá segundo a tabela a seguir. O método serve também para descobrir o Orixá de cabeça, tanto do consulente quanto do próprio olhador.

01 aberto e 15 fechados	Exu
02 abertos e 14 fechados	Ibeji
03 abertos e 13 fechados	Ogum
04 abertos e 12 fechados	Ogum
05 abertos e 11 fechados	Oxum/Iemanjá
06 abertos e 10 fechados	Oxóssi/Logun-Edé
07 abertos e 9 fechados	Iansã
08 abertos e 8 fechados	Xangô
09 abertos e 7 fechados	Iansã/Logun-Edé
10 abertos e 6 fechados	Oxalá
11 abertos e 5 fechados	Oxetuá (uma qualidade de Exu)

12 abertos e 4 fechados	Xangô
13 abertos e 3 fechados	Obaluaê/Nanã
14 abertos e 2 fechados	Oxumaré/Ewá
15 abertos e 1 fechado	Obatalá (uma qualidade de Oxalá)
16 abertos e nenhum fechado	resposta nula

Dificilmente cairá apenas um búzio aberto na mandala de argolas. Caso isso aconteça, o jogo não está aberto para a consulta. Outra caída rara é a que apresenta 2 búzios abertos. Quando caírem 3 búzios quem responde é Ogum (provavelmente uma qualidade chamada *Xoroquê*). O número 3 para o Jogo de Búzios é um pouco preocupante, pois é um indicativo de tensão ou desarmonia. Quando Ogum responde com 4 búzios abertos, mostra ao consulente que seus caminhos estão desimpedidos para realizar qualquer coisa. Oxalá responde com 10 búzios abertos.

Se você estiver perguntando qual o Orixá do consulente e caírem 11 búzios abertos, isso não significa que a pessoa seja de Exu, apenas que está satisfeito e presente ao jogo. Quando isso acontecer, pegue os 11 búzios abertos e lance-os novamente. O resultado final será representado pela soma de todos os búzios abertos e fechados.

Quem responde com 12 búzios abertos é Xangô, que também responde com 8 búzios abertos.

Para 13 búzios abertos, a resposta é de Nanã ou Obaluaê, para 14, é de Oxumaré. Porém, esses Orixás pouco se manifestam e as caídas são raras de acontecer. Se você perguntar qual o Orixá do consulente e a resposta mostrar 15 búzios abertos, isso significa a proteção superior, abençoando o jogo. Deve-se então agradecer e perguntar novamente qual o Orixá do consulente.

Jogando com quatros búzios abertos

O aprendizado para a manipulação dever ser feito em etapas. A primeira delas, e a mais simples, consiste na leitura a partir dos 4 búzios abertos, representantes dos quatro elementos (Água, Terra, Fogo e Ar), mais o búzio fechado (*Oxetuá*), cuja função seria apontar possíveis equívocos, intencionais ou não, da leitura.

Por exemplo: se o consulente afirma que nunca se dispôs antes a uma leitura de búzios, porque tinha receio, e o Oxetuá cai na argola de Exu, este búzio fechado está alertando o olhador para o fato de a pessoa ser bastante mística.

Se o consulente faz uma pergunta sobre um problema de saúde da mãe e o Oxetuá cai na argola de Oxalá, o olhador pode deduzir que tudo está em paz com a saúde da mãe, talvez ele esteja se preocupando demais. Se uma mulher questionar sobre uma possível traição do marido e o Oxetuá cair na argola de Ewá, provavelmente ela pode estar com uma desconfiança infundada.

Após a preparação, o olhador segura os 4 búzios abertos com as duas mãos e pergunta em voz alta se o mensageiro está presente. Se a resposta for negativa, conforme as descrições adiante, não é aconselhável prosseguir com a consulta.

Concentrando-se, o olhador deve perguntar em volta alta: "Exu está presente neste jogo?"

Feito isso, deve lançar os búzios dentro da mandala composta pelas argolas que simbolizam os 16 Orixás.

Nome das caídas com quatro búzios abertos

Os resultados deste procedimento, considerando-se apenas os búzios abertos, são:

ALAFIA: 4 búzios caem abertos. A resposta é positiva, geralmente sem a possibilidade de acontecer o contrário. Não é necessário jogar novamente.

ETAWA: 3 búzios abertos e 1 fechado. A resposta é dúvida; deve-se aconselhar ao consulente mais paciência em relação à referida indagação. É um momento de reflexão, após a qual se pode jogar novamente.

EJILA KELTU: 2 búzios abertos e 2 fechados. Os Orixás dizem SIM aos assuntos casuais, por exemplo: "Devo trocar de carro"? Se a pergunta se relacionar a um assunto mais complexo, como a saúde de uma pessoa, por exemplo, é necessário lançar novamente os búzios para se obter uma resposta mais concisa como *alafia* ou *oyaku*.

OKANRAM: 1 dos búzios cai aberto e os demais fechados, a resposta é NÃO.

OYAKU: todos os búzios caem fechados. A resposta é um NÃO enfático, prevendo resultados desastrosos.

Veja a diferença entre duas caídas: uma pessoa indaga sobre viajar. Se a resposta for *okanram*, a viagem pode não ser favorável. Mas se a resposta for *oyaku*, o consulente não deverá viajar em hipótese alguma, pois o empreendimento acarretará um problema sério, do qual poderá se arrepender mais tarde.

Depois de aberto o oráculo, o olhador deverá prosseguir a leitura respondendo às perguntas do consulente, utilizando os 4 búzios abertos, mais o Oxetuá. Após praticar bem este método, estará apto a praticar a jogada com 16 búzios abertos.

Jogando com dezesseis búzios abertos

Nesta jogada utilizam-se 16 búzios abertos, em dez destes, as conchas podem ser maiores, representando os Orixás masculinos, e seis conchas menores, representando os femininos e o Oxetuá.

Após analisar as tabelas das páginas 106/107 e 115/116 (data de nascimento e Orixás que respondem às caídas), inicia-se o jogo, perguntando a Exu se ele está presente.

Jogam-se os 4 búzios sobre o local previamente preparado com o pano e as argolas já dispostas. Se a resposta for *alafia* ou *ejila keltu*, dá-se prosseguimento.

Cada búzio tem uma extremidade em forma de ponta. Vamos supor que um deles caiu apontando para a argola de Oxum. Isso pode ser interpretado como uma indicação de que o consulente está preocupado com sua relação afetiva ou com filhos. O segundo búzio caiu próximo a Logun-Edé. Diríamos que o consulente terá um momento de grande alegria. O terceiro aponta para Obaluaê. Pode ser um indicativo de que o consulente está preocupado com a sua saúde. O último búzio caiu dentro da argola de Oxalá. Podemos afirmar que todos os problemas acabarão em paz e harmonia e seria oportuno ainda acrescentar algo relacionado à evolução espiritual do consulente.

Resumindo: a primeira caída representa o motivo que levou o consulente a procurar a ajuda através do Jogo de Búzios.

É sempre bom conferir se os 17 búzios (16 abertos e 1 fechado) estão sobre a toalha e as argolas estão posicionadas corretamente. É aconselhável pedir ao consulente que tire os sapatos antes da consulta. O olhador deve fazer o mesmo em sinal de respeito aos Orixás.

Primeira etapa: saudar os Orixás

Oração para iniciar o jogo

Ago ilê, mojuba ilê! (Peço licença ao chão, salve o chão).

Antes de pronunciar estas palavras, o jogador deve pegar os 17 búzios (incluindo o Oxetuá) com a mão direita e pô-la na testa. Em seguida, colocar a mão no chão, saudando-o e batendo com a mão fechada que segura os búzios. O olhador não deve sair da cadeira.

Laroiê Exu, *mojuba* Exu, *laroiê!* (salve Exu!).

Deve-se saudar Exu para que a leitura transcorra sem problemas entre o olhador e o consulente. Em seguida, o olhador deve repetir a operação anterior, levando a mão direita, fechada (segurando os dezessete búzios) à testa e, em seguida, batendo no chão. Depois saudar os três Orixás com os quais o olhador mais se identificou de acordo com a leitura dos arquétipos (ver a saudação correspondente a cada Orixá na página 111). Por último, Obaluaê, que é o patrono do Jogo de Búzios.

Segunda etapa: saudar Orumilá

Segure os 17 búzios com as duas mãos e coloque-as à sua frente, na altura da cabeça, um pouco acima do pescoço e ore:

Orumilá, ago ifá (Orumilá, peço licença para utilizar o *ifá*). *Agô, Ifá, Orumilá.*

Em seguida, coloque as duas mãos em direção à esquerda (saudando os ancestrais femininos) e à direita (saudando os ancestrais masculinos).

Eleve as mãos para trás, passando os búzios sobre sua cabeça. Esse ato representa a saudação a todos os mortos. Depois leve as mãos à frente, saudando tudo o que vai nascer.

Terceira etapa: saudar os búzios

Conserve os búzios na mão direita e peça ao consulente que apresente sua testa. Toque-a com a mão direita, dizendo: *Ori Orixá eledá* (quero saber qual é o Orixá desta pessoa, qual a divindade que rege este consulente). Em seguida, o consulente deve dizer seu nome de batismo. O olhador deve repetir o nome três vezes. Lance, então, os búzios e saúde o Orixá que responderá ao jogo.

Dicas para os iniciantes

Com o passar do tempo, a experiência e o conhecimento adquiridos irão tornar fácil a leitura para o olhador. Mas enquanto ele não tem prática, apresentamos aqui uma espécie de manual básico para que o olhador saiba dar uma resposta correta, ainda que abreviada, ao consulente.

Para tornar sua tarefa ainda mais fácil, apresentamos os significados de várias caídas iguais em relação a assuntos diferentes.

Se o consulente estiver preocupado com a sua saúde, veja o que os búzios podem lhe dizer a cada caída:

- 1 aberto e 15 fechados: quem responde é Exu, por isso, podemos afirmar que o problema é espiritual. Um tratamento nessa área fará com que a dificuldade desapareça.

- 2 abertos e 14 fechados: quem responde é Ibeji. O problema de saúde está no início e seria indicado procurar um médico (essa caída também representa gravidez).

- 3 abertos e 13 fechados: respondem Exu e Ogum. Não é uma boa resposta, pois pode indicar problemas de saúde e até mesmo a possibilidade de uma cirurgia.

- 4 abertos e 12 fechados: resposta de Ogum. O consulente apresenta problemas gastrointestinais e nas articulações que serão resolvidos.

- 5 abertos e 11 fechados: respondem Oxum ou Iemanjá (um pouco "melindrosa", está Orixá raramente responde às perguntas). Se a consulente é do sexo feminino, provavelmente apresenta problemas no útero. Se for do sexo masculino, poderá existir uma sensibilidade na próstata ou nos rins.

- 6 abertos e 10 fechados: o Orixá desta caída é Oxóssi. Sensibilidade no estômago (gastrite) e laringe. Se a pergunta se refere a um adolescente ou a uma criança, pode indicar problemas na dentição, com a necessidade do uso de aparelho corretivo.

- 7 abertos e 9 fechados: responde Iansã e a pessoa é emocionalmente ansiosa. Pode estar se automedicando (antidepressivos).

- 8 abertos e 8 fechados: quem responde é Xangô. O consulente pode estar propenso a problemas circulatórios e/ou variação de pressão, com tendência a distúrbios cardiovasculares.

- 9 abertos e 7 fechados: responde novamente Iansã. A pessoa pode apresentar uma sensibilidade no aparelho respiratório (inclui tireoide). Se for mulher, deve-se verificar (utilizando os quatro búzios) se apresenta algum problema nas mamas. O uso abusivo de calmantes ou bebidas alcoólicas também aparece nessa jogada.

- 10 abertos e 6 fechados: responde Oxalá. Sensibilidade na cabeça e coluna cervical. A pessoa sofre de enxaquecas ou algum distúrbio de visão e também pode apresentar sensibilidade no aparelho respiratório, principalmente nas vias nasais (como rinite ou sinusite).

- 11 abertos e 5 fechados: quem responde é Oxetuá. Problemas de saúde de ordem astral. Seria indicado recorrer a uma energização ou uma cirurgia espiritual.

- 12 abertos e 4 fechados: responde Xangô e vale a mesma resposta da caída de 8 abertos e 8 fechados.

- 13 abertos e 2 fechados: respondem Obaluaê e Nanã. Sensibilidade nas articulações, com tendência à tendinite, à artrite ou ao reumatismo. A saúde requer cuidados.

- 14 abertos e 2 fechados: respondem Oxumaré e Ewá. Indica problemas que aparecem, desaparecem e voltam a molestar tempos depois; mas são de rápida solução.

- 15 abertos e 1 fechado: nulo, a resposta não tem significado.

- 16 abertos: nulo, a resposta não tem significado.

Se a pergunta se refere ao aspecto emocional, as interpretações mais comuns são as seguintes:

- 1 aberto e 15 fechados: a resposta é negativa. O amor do consulente não está sendo correspondido. Convém jogar novamente ou tentar com os quatro búzios para confirmar.

- 2 abertos e 14 fechados: representa indecisão. A resposta indica que aparecerá uma nova pessoa na vida do consulente. Também representa a imaturidade ou, ainda, gravidez.

- 3 abertos e 13 fechados: essa caída não é considerada satisfatória. Existe mágoa, tristeza e rancor no relacionamento.

- 4 abertos e 12 fechados: o consulente move todos os esforços para construir uma vida a dois. Pode indicar um sentimento de posse e domínio.

- 5 abertos e 11 fechados: é a melhor caída quando a pergunta se refere a sentimentos, pois quem responde é Oxum, a deusa do amor. Garante à pessoa o amor verdadeiro. O consulente pode esperar um relacionamento duradouro, pois será construído dia a dia.

- 6 abertos e 10 fechados: a relação é casual. Não existe cobrança entre as partes.

- 7 abertos e 9 fechados: a relação também é casual, mas o sexo é mais intenso do que na caída anterior.

- 8 abertos e 8 fechados: sentimento verdadeiro, romântico e apaixonado. Deve-se, porém ficar atento, pois quem responde essa caída é Xangô e seus filhos são dados a relacionamentos duplos. Mesmo apaixonada, a pessoa não desejará tão cedo legalizar nenhuma situação.

- 9 abertos e 7 fechados: a paixão prevalece sobre o amor, bom relacionamento sexual.

- 10 abertos e 6 fechados: revela o amor sereno, tranquilo e afetuoso. Há muito diálogo entre os parceiros, o que contribui para a solidificação do relacionamento.

- 11 abertos e 5 fechados: quem responde é Oxetuá, o que significa que as duas pessoas estão juntas em um processo de evolução na Terra, auxiliado pelo plano astral.

- 12 abertos e 4 fechados: representa uma situação que será legalizada para o casamento.

- 13 abertos e 3 fechados: o relacionamento está por um fio, desgastado e sem motivação. Pode representar o processo de separação.

- 14 abertos e 2 fechados: convém preparar o consulente, pois ele pode estar sendo traído. Esta caída também indica a pessoa que já está separada ou em processo de separação. Se ao repetir a jogada o resultado for o mesmo, pode indicar uma relação homoafetiva.
- 15 abertos e 1 fechado: nulo, a resposta não tem significado.
- 16 abertos: nulo, a resposta não tem significado.

Se a pergunta diz respeito ao campo profissional, as caídas podem ser interpretadas da seguinte maneira:

- 1 aberto e 15 fechados: a jogada não tem significado. Jogue novamente.
- 2 abertos e 14 fechados: há alguma dúvida em relação à carreira a seguir. É certo, porém, que irá aparecer algo novo (convite).
- 3 abertos e 13 fechados: indica rotina e insatisfação.
- 4 abertos e 12 fechados: emprego seguro, chance de abrir o próprio negócio.
- 5 abertos e 11 fechados: o consulente está satisfeito na sua profissão, ele gosta muito do que faz.
- 6 abertos e 10 fechados: o consulente é comunicativo, mas um pouco alheio aos compromissos.
- 7 abertos e 9 fechados: alterações no ambiente de trabalho para melhor.
- 8 abertos e 8 fechados: equilíbrio e satisfação profissional.
- 9 abertos e 7 fechados: promoção à vista, pode indicar também um curso para agregar novos valores em outra cidade, estado ou país.
- 10 abertos e 6 fechados: harmonia no trabalho.

- 11 abertos e 5 fechados: proteção espiritual na área profissional.

- 12 abertos e 4 fechados: equilíbrio e ganho certo.

- 13 abertos e 3 fechados: período desgastante, risco de demissão.

- 14 abertos e 2 fechados: não é aconselhável nenhum tipo de sociedade. Trabalho temporário.

- 15 abertos e 1 fechado: nulo, a resposta não tem significado.

- 16 abertos: nulo, a resposta não tem significado.

Outro tipo de jogada

Outra forma de jogar os búzios consiste em pegar os 17 *cauris* nas mãos, fechá-las e ir "esfregando", como se estivesse lavando as conchas. Deixe-as cair, uma a uma, à vontade, segundo sua própria energia. Conforme os búzios vão caindo nas argolinhas ou em direção a elas, muitos aspectos da personalidade e da curiosidade do consulente vão sendo desvendados. Os búzios cairão abertos, o que significa que o Orixá tem alguma mensagem para o consulente, ou fechados, o Orixá nada tem a comunicar ao consulente.

Para esse tipo de jogada, o olhador deve invocar os Orixás através das saudações apropriadas, de acordo com a seguinte ordem: Exu, Ogum, Oxóssi, Xangô, Iansã, Oxum, Obá, Logun-Edé, Iemanjá, Nanã, Ibeji, Obaluaê, Oxumaré, Ewá e Oxalá.

Por exemplo, se após a invocação *Laroiê*! o primeiro búzio cair fechado, significa que Exu não tem nada a dizer. Em seguida, devemos invocar Ogum, cantando *Ogunhê*! Caso o búzio caia aberto, deve ser considerado como uma resposta positiva do Orixá, que tem algo a comunicar. A interpretação deve se basear na argola mais próxima à caída.

Se, por exemplo, o décimo segundo búzio correspondente a Obaluaê, cair aberto, apontando (ou dentro ou próximo) para a argola de Nanã, pode representar "uma pessoa mais velha com problema de saúde". E assim prosseguem as caídas na ordem indicada até sobrar apenas um búzio na mão do olhador, que deverá invocar *Epa Babá!* (dirigindo-se a Oxalá) e deixá-lo cair, verificando se o Orixá tem ou não alguma mensagem a transmitir. Pode parecer um pouco difícil para os principiantes, motivo pelo qual recomendo esse tipo de jogada somente após ter praticado muito bem com 4 e 16 búzios abertos.

Com a prática, porém, o olhador vai se habituando a ver se o Orixá deseja ou não se comunicar. Esta é uma das jogadas mais bonitas.

RESULTADO DOS BÚZIOS NAS ARGOLAS

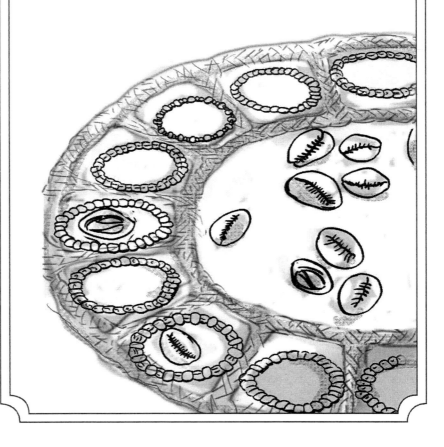

Há uma variação com dezesseis búzios abertos neste tipo de jogada um pouco mais complexa. Primeiro jogam-se os 16 búzios abertos para identificar o principal Orixá que está comandando o jogo, de acordo com o número dos búzios abertos e fechados que se apresentarem na mandala de argolas (veja tabela na página 115).

Uma vez identificados conforme as caídas demonstradas na página 115, os dezesseis búzios são recolhidos, assim como o Oxetuá.

Toma-se os 17 búzios nas mãos, saúda-se o Orixá principal (conforme orientado nas páginas 120/121) e faz-se o lançamento sobre a mandala de argolas, passando a observar a posição de todos os búzios, se abertos ou fechados em relação às argolas. Para melhor identificar as caídas e esclarecer, etapa por etapa, veja as sequências de estudo referentes a cada Orixá.

Cantando para Exu

O olhador saúda o Orixá com a expressão *Laroiê!* e dá prosseguimento à leitura. Se o búzio cair na argola de:

Exu, *aberto:* significa que o consulente possui grande potencial e sensibilidade no plano metafísico e espiritual, é comunicativo, apresenta tendências místicas e intuição muito aguçada.

Exu, *fechado:* a pessoa dirige seu potencial e força espiritual de maneira errônea, dispersando muita energia. A caída pode indicar que alguém está tentando prejudicar o consulente através do uso de baixa magia.

Ogum, *aberto:* é hora de colocar as coisas em ordem. A família está bem, o consulente está vivenciando uma fase construtiva. Pode receber um convite para gerenciar um comércio ou obter uma promoção.

Ogum, *fechado:* problemas domésticos, desentendimentos familiares. Alguém domina a situação e isso pode estar se tornando insustentável.

Oxóssi, *aberto:* indica mudança de residência ou de cidade. Faz parte do destino essa nova etapa, que será muito benéfica.

Oxóssi, *fechado:* o consulente deve tomar mais cuidado com o que fala.

Xangô, *aberto:* possibilidade de melhora financeira, abertura de uma empresa ou um novo negócio (contrato) a caminho. Situação financeira bem resolvida.

Xangô, *fechado:* o consulente não deve gastar além do necessário e precisa prestar atenção com os documentos que assina. Podem surgir problemas bancários e pendências jurídicas. É uma fase que indica a falta de dinheiro. Outro aspecto pode ser referente a uma injustiça.

IANSÃ, *aberto:* provável viagem ao exterior. O destino poderá promover o encontro com uma pessoa muito agradável por quem poderá se apaixonar. Os estudos espiritualistas são favoráveis.
IANSÃ, *fechado:* o olhador deve suspeitar de alguma traição. Alguém não fala totalmente a verdade.

OXUM, *aberto:* tudo está tranquilo com a família (especialmente do sexo feminino) e também com o aspecto afetivo do consulente.
OXUM, *fechado:* preocupação, cansaço e irritação. Problemas com o cônjuge ou no lar.

OBÁ, *aberto:* alguém está tentando localizar o consulente. Um desentendimento será resolvido. A caída também indica o fim das preocupações.
OBÁ, *fechado:* sentimento de frustração, situação mal resolvida, tristeza, falta de clareza e pensamentos depressivos. O consulente não consegue expor com clareza seus problemas.

LOGUN-EDÉ, *aberto:* momento gratificante da vida do consulente, período de alegrias. Bons acontecimentos, euforia.
LOGUN-EDÉ, *fechado:* os caminhos parecem bloqueados, mas é uma maneira de a alma se manifestar. Em breve, tudo será esclarecido.

IEMANJÁ, *aberto:* viagem produtiva e feliz (outro estado ou país).
IEMANJÁ, *fechado:* os planos não conseguem se concretizar. Se pensa em viajar, pode aparecer algum problema doméstico que irá cancelar o passeio.

NANÃ, *aberto:* bons rendimentos, segurança na velhice. Dinheiro bem aplicado, maturidade. Sinônimo de negócios seguros.
NANÃ, *fechado:* uma pessoa mais velha da família requer cuidados de saúde. O consulente não mede esforços para ajudar quem precisa.

IBEJI, *aberto:* novidade a caminho, boa notícia ou gravidez desejada.

IBEJI, *fechado:* o consulente está agindo de forma imatura.

OBALUAÊ, *aberto:* aparecimento de um sintoma relacionado à saúde. Também pode indicar tratamento dermatológico. Tendência a desenvolver seu potencial de cura. Deve ter humildade para ajudar as pessoas sem pedir nada em troca.

OBALUAÊ FECHADO: a saúde requer mais cuidados. Desgaste, estresse, desânimo ou depressão.

OSSAIM, *aberto:* apesar dos obstáculos que todas as pessoas vivenciam, o consulente está muito bem, em equilíbrio. Tem boa vontade para resolver os problemas. O consulente é o esteio da família.

OSSAIM, *fechado:* o consulente não consegue ter o equilíbrio para resolver seus problemas.

OXUMARÉ, *aberto:* uma questão fundamental será resolvida em breve, com êxito. Mudanças fortuitas e melhora financeira. Período favorável.

OXUMARÉ, *fechado:* indica separação do cônjuge. Pode ter ocorrido algum tipo de desconfiança, traição.

EWÁ, *aberto:* possibilidade de uma união, parceria, casamento. Vida feliz a dois.

EWÁ, *fechado:* problemas sentimentais na vida afetiva do casal. Pode ter o envolvimento de outros membros da família.

OXALÁ, *aberto:* bom período para estudos, autoconhecimento. Harmonia e plenitude.

OXALÁ, *fechado:* desentendimento no lar, confusão mental, agitação, irritação. Se o consulente estuda, pode estar com baixo desempenho.

Cantando para Ogum

O olhador saúda o Orixá com a expressão *Ogunhê!* e dá prosseguimento à leitura. Se o búzio cair na argola de:

Exu, *aberto:* o consulente receberá o convite para assumir um cargo de liderança. É bem provável que os caminhos façam com que ele seja possuidor de um negócio (jogar os 4 búzios para verificar o mês mais favorável). Também indica o momento ideal para construir ou reformar.
Exu, *fechado:* cuidado na condução de carro ou moto.

Ogum, *aberto:* caminhos abertos para todas as realizações.
Ogum, *fechado:* está ocorrendo algum desentendimento na família e o consulente deverá intervir, pois tem respeito e voz ativa para harmonizar o astral.

Oxóssi, *aberto:* mudança, promoção no emprego, convite para um curso ou palestra. Viagem de carro para lugares próximos. Possibilidade de mudança de residência. Bom período para reflexão interior e harmonização material e espiritual. Amizades construtivas.
Oxóssi, *fechado:* desentendimento com os amigos. O consulente deve tomar cuidado com o que fala, geralmente sem pensar. Palavras emocionalmente agressivas. Risco de ser agredido fisicamente. As viagens de carros são desaconselhadas.

Xangô, *aberto:* liderança profissional e sucesso financeiro. Atuará como chefe ou proprietário e alcançará o respeito da sociedade.
Xangô, *fechado:* o consulente pode enfrentar algumas dificuldades e irá precisar de mais dinheiro para saldar seus compromissos. Mais atenção no que se refere às finanças. Também deve ser mais prudente no local de trabalho, pois está sendo observado por seus superiores.

Iansã, *aberto:* proposta de trabalho (possivelmente em uma multinacional). Viagem de negócios para outro estado ou viagem para o exterior (estudos). A família também deverá viajar.

Iansã, *fechado:* o consulente está desconfiado de algo e deseja obter a revelação (algo relacionado à sua casa ou família).

Oxum, *aberto:* alguém da família está prestes a construir uma relação séria no campo afetivo. Bom momento para adquirir sua casa própria.

Oxum, *fechado:* severidade na família, tensão nas palavras. Será necessário atenção e cuidado para não quebrar uma estrutura filial ou conjugal. O consulente não deve tentar fazer valer a sua verdade nesse momento. Os encargos financeiros estarão por sua conta. A visita de algum parente poderá acarretar em problemas.

Obá, *aberto:* perigo de roubo de um bem (carro). O consulente também deve estar atento à sua arrogância.

Obá, *fechado:* perda de trabalho devido à falta de determinação. Atenção com fofocas, desentendimentos ou falta de boa vontade.

Logun-Edé, *aberto:* êxtase nos novos direcionamentos da sua vida.

Logun-Edé, *fechado:* a falta de otimismo está prejudicando o consulente.

Iemanjá, *aberto:* viagens a trabalho, para outra cidade, serão satisfatórias.

Iemanjá, *fechado:* nenhuma viagem é indicada.

Nanã, *aberto:* bom período para aquisição de terras ou construção com recursos advindos de esforço próprio ou herança. As ações estarão favorecidas.

Nanã, *fechado:* o momento requer cautela, prudência e não é indicado o momento para construir.

IBEJI, *aberto:* o consulente receberá um convite para gerenciar algum novo empreendimento. Nova direção a caminho.

IBEJI, *fechado:* momento de espera. Possibilidade de desentendimento com os mais jovens na família. O consulente deverá ter cautela com o que faz. Atitudes impensadas poderão atrapalhar sua ascensão profissional.

OBALUAÊ, *aberto:* pode existir algum problema de saúde na família. Possível cirurgia, mas tudo sairá bem.

OBALUAÊ, *fechado:* o consulente não deve levar seus assuntos pessoais ou comerciais da maneira tão exigente, sisuda. Risco de acidente de carro, atenção!

OSSAIM, *aberto:* momento de ter seus esforços reconhecidos. O consulente chegará à liderança almejada.

OSSAIM, *fechado:* o consulente deve pensar muito antes de levantar uma calúnia contra alguém de modo injusto. Na argola de Oxumaré, *aberto:* momento de resoluções rápidas.

OXUMARÉ, *fechado:* individualismo em relação à família. O consulente deve ser mais participativo. Cuidado com as agressões verbais e até mesmo físicas. Período crítico na vida particular onde um segredo será revelado.

EWÁ, *aberto:* êxito no que se refere a associações. Se for casado, o consulente terá a possibilidade de trabalhar com o cônjuge e a harmonia preservará a união.

EWÁ, *fechado:* o consulente não deve deixar que a boa convivência no casamento seja desfeita por interferência de quem quer que seja.

OXALÁ, *aberto:* dinamismo no trabalho, organização mental. Tudo o que o consulente está pensando em construir terá ótimos resultados em todos os sentidos.

OXALÁ, *fechado:* falta empenho para o consulente atingir seus objetivos. A impaciência neste período não leva a nada. Reflexão é indicada.

Cantando para Oxóssi

O olhador saúda o Orixá com a expressão *O Kiarô!* e dá prosseguimento à leitura. Se o búzio cair na argola de:

EXU, *aberto:* mudança muito benéfica na vida do consulente. Algo inesperado na profissão ou no amor, com forte proteção do plano astral. Indica também o aumento do círculo de amigos que podem favorecê-lo. Período de criatividade, viagens e novos conhecimentos.

EXU, *fechado:* as coisas não caem do céu e o consulente não pode ficar contando apenas com a sorte. Vá à luta e deixe de lado a insegurança.

OGUM, *aberto:* mudança de residência. Um dos membros da família pode estudar em outro Estado ou no exterior.

OGUM, *fechado:* o consulente deve estar mais disposto ao diálogo. Tente compreender os mais novos antes de julgá-los.

OXÓSSI, *aberto:* boas relações afetuosas. Possibilidade de mudanças benéficas em algum setor do trabalho. É bom considerar que as pessoas só irão conhecer seu potencial se este for demonstrado. Por isso, o consulente deve se abrir mais e conversar sobre seus planos com as pessoas. Pode contar com a ajuda de amigos e a interferência de pessoas que o querem bem.

OXÓSSI, *fechado:* não cante vitória antes de atingi-la. Você vencerá contando com a participação de outras pessoas; não se isole do mundo.

Xangô, *aberto:* mudanças nas áreas financeira e profissional. Ganhos extras e lucros a caminho.

Xangô, *fechado:* o consulente deve deixar de ser tão inflexível e tornar-se mais tolerante. Momento indicado para alterar seu comportamento no trabalho.

Iansã, *aberto:* novas amizades benéficas irão surgir. Bom momento para adquirir novas perspectivas em relação ao conhecimento formal ou informal.

Iansã, *fechado:* o consulente deve tomar mais cuidado, pois podem estar deturpando o que ele fala. Boatos.

Oxum, *aberto:* boa convivência com a família e os filhos. Relacionamento alegre. Jovialidade.

Oxum, *fechado:* o consulente pode estar descuidando das pessoas que o querem bem e elas merecem mais atenção e afeto.

Obá, *aberto:* o consulente pode estar preocupado com o problema de um amigo mais próximo. Poderá ajudar financeiramente.

Obá, *fechado:* o consulente não deve ficar tão ansioso ao tentar resolver todos os problemas de uma só vez.

Logun-Edé, *aberto:* mudança de residência favorável. Esta caída é benéfica ao segmento artístico, especialmente a música. Significa também a proteção espiritual.

Logun-Edé, *fechado:* o consulente deve se prevenir financeiramente e não tentar alcançar o mundo com as mãos, fazendo planos mirabolantes.

Iemanjá, *aberto:* boa hora para reforma ou mudança de residência (se deseja mudar-se de cidade ou país, esse é o momento indicado).

Iemanjá, *fechado:* As viagens não são recomendadas.

Nanã, *aberto:* o período propicia a aquisição de lotes, terrenos. Boa aplicação financeira.

Nanã, *fechado:* o consulente deve guardar o dinheiro para as dificuldades que podem aparecer.

Ibeji, *aberto:* notícia de gravidez (provavelmente o bebê será do sexo masculino). Se o consulente tem filhos, verifique se estão bem, utilizando os 4 búzios para saber se as respostas serão: "sim" ou "não".

Ibeji, *fechado:* preocupação com os filhos (sexo masculino). Pode estar faltando maturidade do consulente para resolver os problemas.

Obaluaê, *aberto:* podem surgir pequenos problemas de saúde, devido ao estresse e má alimentação (problemas gastrointestinais). Procure um médico.

Obaluaê, *fechado:* desgaste físico e emocional. Nervos à flor da pele.

Ossaim, *aberto:* as mudanças que estão prestes a ocorrer irão restaurar a harmonia em todos os sentidos.

Ossaim, *fechado:* o consulente deve assumir a responsabilidade por ter sido indelicado e desfeito uma amizade. Peça desculpas.

Oxumaré, *aberto:* bom momento para a venda e a intermediação de um negócio. Lucro a caminho.

Oxumaré, *fechado:* cuidado com gastos excessivos. O consulente deve valorizar mais o que possui, pois conseguiu com dificuldade e sacrifício.

Ewá, *aberto:* possibilidade de sociedade ou união com pessoa mais jovem. Período favorável com ideais positivos.

Ewá, *fechado:* interferência de amigos no casamento ou na sociedade. Isso pode causar aborrecimento. Não peça tanto a opinião das pessoas.

OXALÁ, *aberto:* toda e qualquer mudança acontecerá na hora certa para restabelecer o equilíbrio e a paz.

OXALÁ, *fechado:* o consulente não deve ficar tão indeciso diante de uma questão relativa aos estudos ou à sua profissão. Siga sempre seu coração.

Cantando para Xangô

O olhador saúda o Orixá com a expressão *Kaô Kabiesi-lê!* e dá prosseguimento à leitura. Se o búzio cair na argola de:

EXU, *aberto:* período de resolução financeira e proposta de trabalho. O plano espiritual está contribuindo favoravelmente nessa nova fase.

EXU, *fechado:* dinheiro não é tudo na vida. Talvez você esteja pensando apenas no aspecto material, deixando de lado a espiritualidade.

OGUM, *aberto:* aumento de patrimônio. Estão favorecidas a compra e venda de algum bem imóvel, bem como a aquisição de um veículo.

OGUM, *fechado:* gastos financeiros em decorrência de uma reforma. Talvez alguém da família peça dinheiro emprestado.

OXÓSSI, *aberto:* mudança de trabalho, diversificação de tarefas.

OXÓSSI, *fechado:* o consulente deve apertar o cinto e reduzir as despesas, gastando apenas o necessário. Cuidado para não arriscar seu patrimônio.

XANGÔ, *aberto:* dinheiro e expansão profissional a caminho. Segurança financeira.

XANGÔ, *fechado:* tenha paciência, pois a sua situação financeira irá melhorar.

Iansã, *aberto:* gastos inesperados na sua família. Essa argola também indica a possibilidade de você ou alguém próximo viajar ao exterior para posteriormente trabalhar em outro país. Se surgir a possibilidade, o consulente deverá aceitar.

Iansã, *fechado:* alguém pode estar prejudicando o consulente sem que ele saiba, com intrigas ou fofocas. Até mesmo "torcendo contra". Também indica uma soma de dinheiro que pode ter sido bloqueada.

Oxum, *aberto:* momento de equilíbrio em relação à pessoa amada. Existe a possibilidade de trabalharem juntos. Se o consulente tiver filhos adolescentes, o olhador deve perguntar separadamente como estão (fase escolar ou na profissão).

Oxum, *fechado:* gastos inesperados com os filhos ou com a família, de modo geral, que poderão abalar suas finanças.

Obá, *aberto:* o consulente deverá receber um comunicado sobre uma causa jurídica que achava perdida, mas tem chance de ser resolvida a seu favor. Sucesso, promoção.

Obá, *fechado:* muito cuidado ao assinar documentos, especialmente em uma transação imobiliária.

Logun-Edé, *aberto:* realizações no campo profissional. Período de boa sorte.

Logun-Edé, *fechado:* momento de paciência. Espere o momento certo para expor o que julga correto, especialmente no trabalho. Você corre o risco até mesmo de ser demitido. Cuidado com os desentendimentos.

Iemanjá, *aberto:* proposta de trabalho em outra cidade. Viagens de lazer. Pode surgir a aquisição de um segundo patrimônio. Boas ideias que irão aprimorar sua profissão.

Iemanjá, *fechado:* gaste apenas o necessário caso for viajar, pois os búzios prenunciam alguns meses com dificuldade financeira. Faça uma reserva. Essa caída pode representar gastos com problemas de saúde, especialmente da mãe do consulente.

Nanã, *aberto:* dinheiro extra para aplicar, investir, poupar. Reserve para o futuro.

Nanã, *fechado:* possíveis gastos com alguém mais velho da família.

Ibeji, *aberto:* se você está em um emprego temporário, provavelmente será efetivado. Essa caída prenuncia momentos felizes na sua carreira e profissão.

Ibeji, *fechado:* nenhuma possibilidade deve ser descartada, atenção aos detalhes.

Obaluaê, *aberto:* período de muito trabalho para colocar as contas em ordem. Porém isso poderá afetar a saúde do consulente por conta do estresse.

Obaluaê, *fechado:* talvez você faça alguns exames médicos e gaste um pouco mais do previsto.

Ossaim, *aberto:* o consulente está administrando muito bem suas finanças. Período de equilíbrio financeiro.

Ossaim, *fechado:* tente viver de modo mais simples. Você não acha que está gastando além da conta? Cuidado para não comprar tantas coisas supérfluas.

Oxumaré, *aberto:* dinheiro a caminho e sorte em jogos de loteria.

Oxumaré, *fechado:* um afastamento necessário. Possível rompimento com namorado (a) ou cônjuge. Você pode se arrepender confiando seus recursos financeiros nas mãos de outra pessoa.

Ewá, *aberto:* possibilidade de exercer duas funções ao mesmo tempo. Bom período profissional. O cônjuge poderá trabalhar com você.
Ewá, *fechado:* o consulente pode estar contraindo dívidas sem que saiba. Verifique o mais rápido possível.

Oxalá, *aberto:* as finanças estão se estabilizando. Período de paz de espírito para obter as realizações.
Oxalá, *fechado:* o consulente deve persistir na paciência. O caminho parece árduo, mas é o único para obter o crescimento em todos os sentidos.

Cantando para Iansã

O olhador saúda o Orixá com a expressão *E Parrei!* e dá prosseguimento à leitura. Se o búzio cair na argola de:

Exu, *aberto:* o consulente irá passar por uma grande renovação, auxiliado pelo plano espiritual.
Exu, *fechado:* o consulente está magoado ou irritado com alguém próximo. Pensamentos de mágoa ou vingança devem ser eliminados.

Ogum, *aberto:* após uma promoção e um aumento de renda, o consulente deverá reformar sua casa ou mesmo adquirir um imóvel. Se tem um negócio, indica a ampliação de suas instalações. É provável que um dos membros da família anuncie um casamento.
Ogum, *fechado:* a casa do consulente está em desarmonia e seus membros não se entendem. Se tiver filhos adolescentes, poderão existir discussões ou desentendimentos. Um deles poderá sair de casa.

Oxóssi, *aberto:* período favorável na vida profissional. Transferência de setor para assumir um cargo de confiança. Nessa casa também existe a possibilidade de viagens.

Oxóssi, *fechado:* o consulente deve ter cuidado com o que fala, especialmente se está difamando alguém. Bate-boca com pessoa próxima e traição de alguém que diz ser seu amigo.

Xangô, *aberto:* qualquer atividade trará melhora financeira e situação social. O consulente deve se autovalorizar.

Xangô, *fechado:* gastos inesperados trarão desequilíbrio nas finanças. Alguém pode se valer da boa-fé do consulente e tirar proveito financeiro.

Iansã, *aberto:* promoção de emprego, surgimento de uma paixão e possibilidade de viagem (exterior).

Iansã, *fechado:* o consulente está tomando decisões precipitadas, portanto, cuidado, pois pode dar margem a um grande erro. A pessoa com quem se relaciona pode causar o afastamento na família.

Oxum, *aberto:* excelente relacionamento amoroso com muita afinidade e completo envolvimento.

Oxum, *fechado:* a maneira como o consulente conversa com seus filhos (ou os mais jovens) não é a ideal. Pense melhor no assunto, caso contrário irá afastar quem ama da sua vida. Sua arrogância ou vaidade pode estar ferindo o amor próprio dos mais próximos.

Obá, *aberto:* o consulente teme que descubram algum fato secreto de sua vida. Surpresas desagradáveis.

Obá, *fechado:* você pode estar sendo enganado no relacionamento amoroso. Não fique descontente. Se achar que vale a pena prosseguir, tenha uma conversa franca.

Logun-Edé, *aberto:* você irá descobrir seu verdadeiro dom e talento profissional.

Logun-Edé, *fechado:* alguém que se mostra muito amigo não merece sua confiança ou sua amizade. Tome cuidado e não se exponha tanto.

Cantando para Oxum

O olhador saúda o Orixá com a expressão *Ora ieiê ô!* e dá prosseguimento à leitura. Se o búzio cair na argola de:

Exu, *aberto:* a preocupação do consulente se refere ao amor; existe uma ligação espiritual muito forte com a pessoa que ama (ou irá amar).

Exu, *fechado:* o consulente deve ter mais amor-próprio, elevar sua autoestima para encontrar um companheiro e ter uma vida tranquila a dois.

Ogum, *aberto:* o consulente está para iniciar a construção de um forte relacionamento. Há grandes chances de esse romance dar certo.

Ogum, *fechado:* podem estar ocorrendo brigas no relacionamento amoroso do consulente.

Oxóssi, *aberto:* uma amizade está prestes a se tornar um relacionamento amoroso envolvente e duradouro. Mesmo que o consulente inicialmente não deseje, é provável que acabe cedendo ao amor.

Oxóssi, *fechado:* falta diálogo no relacionamento. Há muita divergência de opinião causando instabilidade e irritação. Viagens ao interior não são aconselhadas. Possíveis decepções.

Xangô, *aberto:* o consulente vive bem com o parceiro. O convívio também se completa no campo profissional. Há possibilidade de sorte em jogos.

Xangô, *fechado:* provavelmente o consulente irá se queixar ao olhador sobre a falta de confiança que tem no parceiro. Existe a possibilidade da dúvida no prosseguimento dessa relação.

Iansã, *aberto:* amor repleto de cumplicidade, prazer e forte ligação sexual.

IANSÃ, *fechado:* o consulente não está feliz sexualmente. Também existe a possibilidade de alguma omissão.

OXUM, *aberto:* amor verdadeiro, intenso, sem medo ou desentendimento. Essa também é a caída dos filhos, do diálogo e do bom relacionamento com os pais e a família.

OXUM, *fechado:* o consulente deve ser mais carinhoso com o parceiro e os mais próximos. É preciso demonstrar mais amor.

OBÁ, *aberto:* o consulente deve estar preocupado com um dos filhos, possivelmente do sexo feminino. A saúde da mãe também pode inspirar cuidados.

OBÁ, *fechado:* o consulente deve ser menos desconfiado de tudo e todos, pois esse sentimento é infundado.

LOGUN-EDÉ, *aberto:* alegrias no namoro, paz de espírito.

LOGUN-EDÉ, *fechado:* o relacionamento do consulente pode ter entrado em uma fase monótona. Não espere uma atitude do parceiro e faça você a diferença.

IEMANJÁ, *aberto:* viagem a dois favorecida (lua de mel). Se o consulente está sozinho, essa caída pode indicar que a pessoa com quem irá se relacionar não é da mesma cidade onde reside.

IEMANJÁ, *fechado:* espírito maternal em excesso. Na vida a dois, esse sentimento pode se tornar cômodo e até cansativo. Use mais sua sensualidade.

NANÃ, *aberto:* maturidade e segurança no relacionamento afetivo. Construção de sólidos alicerces.

NANÃ, *fechado:* o consulente deve deixar de ser tão conservador. Em outro aspecto, essa caída indica o uso de recursos financeiros provenientes da poupança para realizar uma viagem com a família.

Ibeji, *aberto:* provavelmente você receberá a notícia de uma gravidez (um filho a caminho).

Ibeji, *fechado:* cuidado com a imaturidade; isso pode fazer com que fique sozinho.

Obaluaê, *aberto:* essa caída demonstra a humildade do consulente. Também pode indicar que as pessoas estão tirando proveito da sua bondade.

Obaluaê, *fechado:* desgastes no dia a dia. Perda afetiva.

Ossaim, *aberto:* o consulente é uma pessoa valorosa que sabe preservar o equilíbrio entre os planos físico e espiritual.

Ossaim, *fechado:* o consulente deve deixar de lado a mania de grandeza, preocupe-se mais em ser do que ter.

Oxumaré, *aberto:* benefícios em todas as áreas. O consulente é muito querido e deve aproveitar todas as oportunidades que aparecerem.

Oxumaré, *fechado:* risco de separação. Perda de dinheiro. Cuidado com os gastos em futilidades.

Ewá, *aberto:* se o consulente for casado, possibilidade de aumentar a família (filho natural ou adotivo); se é solteiro, indica casamento.

Ewá, *fechado:* o consulente pode estar sendo traído ou, em outra situação, essa caída pode indicar que ele próprio pode estar mantendo duas relações afetivas.

Oxalá, *aberto:* o consulente está prestes a ter o êxito esperado. Compreensão mútua e diálogo entre os parceiros contribuem para uma vida tranquila.

Oxalá, *fechado:* o consulente deve amar e viver no momento presente para não se arrepender depois.

Cantando para Obá

O olhador saúda o Orixá com a expressão *Obá xirê!* e dá prosseguimento à leitura. Se o búzio cair na argola de:

Exu, *aberto:* o consulente deve estar preocupado; descuido com sua saúde, finanças e vida familiar.

Exu, *fechado:* você pode estar vivendo um período sem motivação e também de pouca fé.

Ogum, *aberto:* alguém da família do consulente está precisando urgente de apoio, pois está vivenciando uma fase de dificuldade. Seja solidário e ofereça ajuda financeira se possível.

Ogum, *fechado:* a situação do consulente está caótica. Não tente resolver todos os problemas de uma vez.

Oxóssi, *aberto:* preocupação com o membro mais jovem da casa. É possível que consulente mude de residência (ou para outra cidade e até estado). A adaptação ocorrerá com o tempo. Cuidado com a ansiedade.

Oxóssi, *fechado:* nenhuma mudança é aconselhável. Espere alguns meses para tomar uma nova decisão.

Xangô, *aberto:* o consulente está se esforçando para manter o mesmo padrão financeiro em sua vida; algumas dificuldades devem perdurar por alguns meses para depois obter o equilíbrio.

Xangô, *fechado:* período de estagnação, rotina no trabalho. Poderá ocorrer a saída do emprego.

Iansã, *aberto:* essa caída indica o uso de bebidas, remédios ou qualquer outra medicação que pode prejudicar o consulente (ou alguém próximo a ele).

Iansã, *fechado:* fique mais atento a tudo o que ocorre à sua volta. Não se afaste dos problemas, mas tente resolvê-los.

Oxum, *aberto:* a caída mostra a separação no relacionamento afetivo. O consulente também deverá ter problemas com a mãe ou os filhos. Desentendimento, falta de diálogo e possibilidade de um dos filhos estar indo mal nos estudos.

Oxum, *fechado:* o consulente deve dar mais atenção à família. Se for casado ou se tem filhos, merecem mais carinho.

Obá, *aberto:* o consulente se sente perdido; não encontra a solução para as suas aflições.

Obá, *fechado:* o consulente sente-se ilhado e não consegue obter ajuda de ninguém. Saiba que tem muita força interior e conseguirá dar a volta por cima.

Logun-Edé, *aberto:* cuidado com ilusões, sonhos e devaneios. Tenha os pés no chão.

Logun-Edé, *fechado:* o consulente pode dizer que está com vontade de abandonar a carreira para se dedicar a algo novo. Porém não existe uma base sólida para esse novo empreendimento. Não se precipite.

Iemanjá, *aberto:* aborrecimentos. Viagens desfavoráveis no período.

Iemanjá, *fechado:* momento desfavorável. Cancelamento de viagem.

Nanã, *aberto:* amadureça suas ideias e não se precipite, especialmente se estiver pensando em investir dinheiro em algum projeto. Pesquise primeiro antes de bater o martelo.

Nanã, *fechado:* possibilidade de perda financeira.

Ibeji, *aberto:* se o consulente tiver filhos, deverá dar mais atenção ao mais novo. Se estiver grávida, atenção no pré-natal. É provável que a consulente deseje se isolar das pessoas nesses meses.

Ibeji, *fechado:* fique atento a tudo a seu redor; problemas devem surgir que irão aborrecer o cliente.

OBALUAÊ, *aberto:* a saúde do consulente merece mais atenção.
OBALUAÊ, *fechado:* essa caída diz respeito à saúde, que não está muito bem, ocorrendo estresse, desânimo e impaciência. É importante fazer exames.

OSSAIM, *aberto:* período propenso a um desequilíbrio nas finanças. O consulente vive um período confuso em todos os sentidos.
OSSAIM, *fechado:* o consulente pode estar demonstrando egoísmo e cobrando os mais próximos. Fique atento para não perder amizades.

OXUMARÉ, *aberto:* as preocupações do consulente serão resolvidas em breve. O período de tensão irá acabar.
OXUMARÉ, *fechado:* traições e inimigos serão revelados.

EWÁ, *aberto:* o casamento do consulente não vive sua melhor fase. O melhor é deixar de reclamar para obter o melhor resultado.
EWÁ, *fechado:* o casamento ou o namoro podem ser desfeitos. Período de separação, afastamento.

OXALÁ, *aberto:* o consulente pode estar pensando em abandonar a carreira; o melhor é esperar e não tomar uma decisão drástica.
OXALÁ, *fechado:* o consulente não vive um período tranquilo. O importante é entender que esse momento é passageiro e irá encontrar as respostas às suas angústias.

Cantando para Logun-Edé

O olhador saúda o Orixá com a expressão *Lóci, Lóci Logun!* e dá prosseguimento à leitura. Se o búzio cair na argola de:

EXU, *aberto:* plenas realizações. Pode contar com a ajuda do plano espiritual. Tudo irá fluir de modo harmônico e será recompensado pelos esforços despendidos.
EXU, *fechado:* tudo acontece no tempo certo. Não fique tão ansioso.

Ogum, *aberto:* perfeita harmonia no lar, junto à família e com os filhos. Além disso, é um bom período profissional. Indicado para reformar, construir ou adquirir um bem.

Ogum, *fechado:* cuidado para não viver de ilusão ou desejar obter algo que está além das suas capacitações.

Oxóssi, *aberto:* é provável que o consulente se mude e será muito bom.

Oxóssi, *fechado:* o consulente não deve ficar adiando seus planos. Faça o que deve ser feito imediatamente. Tome uma atitude e deixe de se sentir vítima.

Xangô, *aberto:* aspecto favorável para as finanças. Período tranquilo. Transações comerciais favoráveis a caminho.

Xangô, *fechado:* não cante vitória antes de o seu projeto ser viabilizado ou não o gaste o dinheiro que não tem, fazendo compras a prazo com o risco de se endividar.

Iansã, *aberto:* você terá seu trabalho recompensado. Possibilidade de aumento ou promoção. Seus superiores estão impressionados com sua diligência.

Iansã, *fechado:* cuidado para não se achar superior em relação aos outros, especialmente no local de trabalho. As críticas podem ofender seus colegas.

Oxum, *aberto:* excelente momento no aspecto amoroso; alegrias. Se estiver sozinho, o período propicia conhecer alguém bem interessante.

Oxum, *fechado:* preserve sua intimidade e não conte sobre sua vida para as pessoas que mal conhece. Além disso, previna-se contra os invejosos de plantão.

Obá, *aberto:* apenas tome cuidado para não transferir suas preocupações para os mais próximos. Reserve-se.

OBÁ, *fechado:* encare de frente os problemas e deixe de jogar a culpa nos outros. Isso não resolve nada. Agir com maturidade, além de sabedoria é o melhor caminho.

LOGUN-EDÉ, *aberto:* a sorte vai sorrir para o consulente que viverá um momento muito gratificante.

LOGUN-EDÉ, *fechado:* mentalize e projete seus planos de modo mais positivo; não encare a vida com tanta negatividade.

IEMANJÁ, *aberto:* surgirá um convite ou uma oportunidade para viajar. Aproveite.

IEMANJÁ, *fechado:* não fique tão isolado dos demais. Viva a vida de modo mais intenso e conheça pessoas diferentes do seu círculo. Tudo isso fará muito bem a você.

NANÃ, *aberto:* o consulente poderá contar com o auxílio de pessoas mais velhas que o beneficiarão no que ele precisar.

NANÃ, *fechado:* você está cobrando ou implicando com alguém? Cuidado, pois esta pessoa está perdendo a paciência.

IBEJI, *aberto:* esta casa prenuncia muitas alegrias a caminho.

IBEJI, *fechado:* deixe de ficar tão isolado e adote uma postura mais amadurecida perante a vida; você só tem a ganhar.

OBALUAÊ, *aberto:* saúde boa, momento de tranquilidade na sua vida.

OBALUAÊ, *fechado:* extravagâncias podem prejudicar a vida financeira do consulente, provocando estresse e ansiedade. Cuidado com os gastos.

OSSAIM, *aberto:* período de transformação muito positiva em sua vida.

OSSAIM, *fechado:* o consulente deve entender que os caminhos se fecham quando saímos da rota ou deixamos de cumprir nossa missão. De qualquer maneira, uma porta irá se abrir.

OXUMARÉ, *aberto:* excelente momento profissional, sentimental e familiar. Sucesso.

OXUMARÉ, *fechado:* não é se afastando das pessoas que você resolverá seus problemas. Quanto mais cedo sair dessa introspecção, mais rapidamente sua vida voltará ao normal.

EWÁ, *aberto:* bom momento no casamento ou nas parcerias (também profissionais).

EWÁ, *fechado:* você deseja tanto namorar essa pessoa em quem está interessado, mas tem certeza que são compatíveis?

OXALÁ, *aberto:* momento de reconhecimento profissional (inclui todas as áreas).

OXALÁ, *fechado:* momento de mais paciência. Em breve, obterá o que necessita; o momento é delicado para tomar decisões.

Cantando para Nanã

O olhador saúda o Orixá com a expressão *Saluba Nanã!* e dá prosseguimento à leitura. Se o búzio cair na argola de:

EXU, *aberto:* o consulente é uma pessoa sábia, madura, esclarecida e dotada de discernimento. Demonstra preocupação com os princípios morais e luta pela conservação dos laços de família. É provável que esteja entrando em um período bom financeiramente.

EXU, *fechado:* o momento requer um pouco mais de atenção para com os mais velhos. Essa caída também revela que deve se mostrar mais responsável, especialmente junto à família.

OGUM, *aberto:* período favorável para a aquisição de um bem há muito tempo desejado. Bom momento para ampliar seus horizontes profissionais e comerciais.

Ogum, *fechado:* está faltando maturidade para o consulente obter o que deseja financeiramente. Se ele faz gastos excessivos, não irá conseguir realizar seus planos.

Oxóssi, *aberto:* provavelmente o consulente irá reencontrar pessoas que trarão notícias muito agradáveis.

Oxóssi, *fechado:* cuidado para não julgar, condenar, criticar ou fazer fofocas das pessoas de modo leviano.

Xangô, *aberto:* o aspecto profissional está favorecido. O consulente irá conseguir poupar dinheiro e ter mais tranquilidade no futuro.

Xangô, *fechado:* o consulente pode estar sendo levado ao erro, tanto no aspecto econômico como profissional. Não pegue atalhos.

Iansã, *aberto:* a caída indica mudança de planos, de trabalho ou uma transferência. Não se preocupe, pois você será beneficiado.

Iansã, *fechado:* o consulente deve ser mais carinhoso com seu cônjuge e sua família. O clima pode estar tenso em casa.

Oxum, *aberto:* bom relacionamento amoroso. Fortalecimento.

Oxum, *fechado:* o consulente pode estar vivenciando um momento de depressão. Cuidado com desentendimento com a mãe (ou sogra).

Obá, *aberto:* o consulente está agindo de forma correta com suas finanças e luta para preservar seus bens adquiridos.

Obá, *fechado:* você está se sentindo deprimido por ter que resolver tudo sozinho, sem contar com a ajuda dos mais próximos.

Logun-Edé, *aberto:* essa caída indica que o consulente terá uma velhice tranquila. Também indica a realização de um sonho antigo.

LOGUN-EDÉ, *fechado:* não fique esperando que a sorte caia do céu. Se você não tomar uma atitude rapidamente, o curso da sua vida não será alterado.

IEMANJÁ, *aberto:* o período favorece as viagens nacionais e internacionais (esse aspecto pode indicar viagens longas). Se possuir dons para escrever, o período também estará favorecido.
IEMANJÁ, *fechado:* cuidado com seu autoritarismo que está afastando as pessoas mais próximas.

NANÃ, *aberto:* se o consulente pensa em viajar, passar uma temporada ou mesmo se mudar para alguma cidade do interior, esse momento se mostra propício. Nessa caída também indica as boas aplicações financeiras.
NANÃ, *fechado:* o período é indicado para uma autoanálise mais profunda ou até buscar o auxílio de um profissional na área de psicologia.

IBEJI, *aberto:* os filhos ou os membros mais jovens da família devem trazer novidades em breve.
IBEJI, *fechado:* o consulente pode estar vivenciando um tipo de problema com um dos filhos. É importante oferecer ajuda.

OBALUAÊ, *aberto:* é provável que o consulente faça alguns exames médicos, de rotina.
OBALUAÊ, *fechado:* o consulente está sempre ocupado em cuidar dos outros e acaba por esquecer-se de si mesmo.

OSSAIM, *aberto:* o consulente conseguirá dar prosseguimento em seus projetos. Excelente período.
OSSAIM, *fechado:* não seja tão radical. Tudo pode ser harmonizado. Calma, não crie desentendimentos com alguém próximo.

OXUMARÉ, *aberto:* essa caída indica melhora financeira (e rápida). As pessoas estarão dispostas a ajudar o consulente.

OXUMARÉ, *fechado:* cuidado, pois as aparências enganam. Algo que você considera sólido pode estar ruindo bem à sua frente. É preciso tomar rapidamente uma atitude.

EWÁ, *aberto:* caso o consulente seja casado, a união está sólida e fortalecida. Também pode indicar o convite de uma parceria ou sociedade comercial.

EWÁ, *fechado:* cuidado ao ficar cobrando as pessoas. Todos têm seus limites e você pode estar sendo muito radical, ferindo verbalmente as pessoas.

OXALÁ, *aberto:* excelente período caso o consulente esteja pensando em retomar os estudos.

OXALÁ, *fechado:* não seja tão irredutível. A última palavra não precisa ser sempre a sua. Cuidado para não magoar os mais próximos.

Cantando para Ibeji

O olhador saúda o Orixá com a expressão *Beje Eró!* e dá prosseguimento à leitura Se o búzio cair na argola de:

EXU, *aberto:* a caída pode ser vista como um renascimento espiritual para uma nova consciência. Também pode indicar a notícia de gravidez.

EXU, *fechado:* o consulente deve se esforçar mais e agir de modo mais maduro.

OGUM, *aberto:* bom momento no aspecto profissional. Se estiver pensando em reformar, comprar ou vender, excelente período.

OGUM, *fechado:* a caída pede para se reservar mais e não confiar tanto nas pessoas.

Oxóssi, *aberto:* o consulente poderá ter duas frentes de trabalho. As mudanças estão favorecidas. Você poderá trabalhar mais, porém os rendimentos estarão garantindo seu futuro.

Oxóssi, *fechado:* tem alguém muito próximo que precisa de seu apoio. Talvez você esteja dando atenção para seus amigos e se esquecendo de alguém muito querido. Os grandes tesouros estão em nossa casa.

Xangô, *aberto:* essa caída indica "dinheiro a caminho". Portanto, tenha sabedoria para usá-lo.

Xangô, *fechado:* cuidado para não comprar impulsivamente. Você pode estar gastando dinheiro com objetos supérfluos.

Iansã, *aberto:* o consulente está despertando para a vida. Período de muita criatividade.

Iansã, *fechado:* não dê ouvidos a terceiros e siga sua intuição. Atenção para a inveja já que nem todos se mostram tão seus amigos como parece.

Oxum, *aberto:* bom momento no seu relacionamento amoroso. Caso tenha filhos, essa caída indica que também estão vivenciando um período harmônico.

Oxum, *fechado:* pare de reclamar, pois a situação não está tão difícil como se apresenta. Na verdade, você está muito ansioso e isso pode atrapalhar sua vida.

Obá, *aberto:* mantenha a calma. As preocupações serão sanadas rapidamente e você encontrará as respostas de que necessita.

Obá, *fechado:* tudo acontece no tempo certo. Não se precipite.

Logun-Edé, *aberto:* o consulente se mostra aberto para o conhecimento. Estude, invista em você. Caso tenha algum talento artístico ou literário, este é um excelente momento.

Logun-Edé, *fechado:* vá à luta. Torne seus sonhos, realidade.

Iemanjá, *aberto:* convite de viagem a caminho.

Iemanjá, *fechado:* pode surgir algum problema inesperado e a viagem que iria realizar ser adiada.

Nanã, *aberto:* momento que favorece a melhora financeira. Caso você tenha algum tipo de estabelecimento comercial, o momento pressagia lucros.

Nanã, *fechado:* cuidado para que o dinheiro não seja gasto com futilidade. Guarde o máximo possível para não se arrepender.

Ibeji, *aberto:* vida nova. Felicidades. Possibilidade de notícia de gravidez.

Ibeji, *fechado:* a caída mostra que o consulente está desorientado, porém revela que as pessoas mais próximas não irão lhe faltar.

Obaluaê, *aberto:* podem surgir problemas relacionados à saúde. É importante ficar atento.

Obaluaê, *fechado:* a saúde do consulente merece mais atenção.

Ossaim, *aberto:* excelente período material e espiritual.

Ossaim, *fechado:* sempre é tempo de aprender. Bom momento para investir nos estudos formais ou informais. Se possível, fique mais tempo ao ar livre, pratique caminhadas ou se exercite.

Oxumaré, *aberto:* boas notícias que irão deixar o consulente muito feliz.

Oxumaré, *fechado:* cuidado com a falta de motivação. Se esforce para realizar o que tanto deseja. Saia da acomodação.

Ewá, *aberto:* um namoro pode se tornar um casamento. Essa caída revela também o convite para uma parceria. Êxito.

Ewá, *fechado:* sua família merece mais atenção. Você não pode viver isolado das pessoas. Ajude no que for necessário.

Oxalá, *aberto:* o consulente está deixando de lado o aperfeiçoamento na sua carreira ou nos estudos. Motive-se, pois seu ideal será alcançado.

Oxalá, *fechado:* tenha mais paciência e perseverança. Você irá realizar seus projetos.

Cantando para Obaluaê

O olhador saúda o Orixá com a expressão *Atotô!* e dá prosseguimento à leitura. Se o búzio cair na argola de:

Exu, *aberto:* o consulente enfrenta sozinho as dificuldades e conta apenas com a proteção divina para ajudá-lo. Essa caída pode indicar preocupação com a saúde, especialmente as doenças nervosas.

Exu, *fechado:* os planos podem ser alterados, o consulente vive um período de inquietações.

Ogum, *aberto:* o convívio em casa pode estar sendo desgastante. Mas por conta dessa caída junto a Ogum, o consulente irá superar as dificuldades.

Ogum, *fechado:* um membro da sua família pode estar doente ou precisando de tratamento médico (fisioterapia).

Oxóssi, *aberto:* período de mudanças benéficas depois de um período de dois anos com dificuldades. Você conseguirá sair da rotina. Pode apresentar problemas gastrointestinais.

Oxóssi, *fechado:* não permita que os dissabores o deixem desanimado.

Xangô, *aberto:* bom momento para ganhar dinheiro e criar um novo projeto, mesmo achando que o momento já passou. Dependendo da idade do consulente, seria importante verificar a pressão arterial e o coração.

Xangô, *fechado:* os obstáculos parecem estar difíceis de serem superados, mas persista para vencer.

IANSÃ, *aberto:* não confie tanto nas pessoas. A revelação de algo encoberto pode surpreender o consulente. Na saúde, verificar os hormônios da tireoide. Sempre importante fazer exames de mama, como prevenção.

IANSÃ, *fechado:* você pode receber notícias de falecimento.

OXUM, *aberto:* dê um tratamento mais amável aos mais próximos, especialmente aos pais. Sendo o consulente do sexo feminino, verificar como estão os órgãos reprodutores.

OXUM, *fechado:* período de instabilidade junto à pessoa amada.

OBÁ, *aberto:* cuidado com exageros ou preocupações desnecessárias. Perguntar se o consulente tem alguma disfunção auditiva.

OBÁ, *fechado:* período de depressão e falta de objetivo na vida.

LOGUN-EDÉ, *aberto:* sucesso. As portas irão se abrir depois de um período difícil.

LOGUN-EDÉ, *fechado:* você necessita de mais autoafirmação. Deixe o mau humor de lado. Perguntar se ele se automedica e alertá-lo quanto aos prejuízos e perigos disso.

IEMANJÁ, *aberto:* possibilidade de alguém da família do consulente ser submetido a um tratamento médico e, por conta disso, fazer algumas viagens para outra cidade. Perguntar se alguém da família sofre de problemas renais, próstata ou diabetes.

IEMANJÁ, *fechado:* por conta do estresse, a pessoa pode ter um período de esgotamento nervoso.

NANÃ, *aberto:* o consulente é uma pessoa esclarecida, amadurecida e respeitada. Indague se os avós sofrem de algum problema de artrose ou de artrite.

NANÃ, *fechado:* cuidado com a apatia ou em tratar os mais velhos de modo rude.

IBEJI, *aberto:* o consulente está sujeito a ter algum problema de saúde. Verificar se ele tem algum tipo de processo inflamatório ou alergia. Perguntar sobre a possibilidade de gravidez.

IBEJI, *fechado:* se a consulente está grávida, requer cuidados.

OBALUAÊ, *aberto:* nessa caída, indica que o consulente deve dar mais atenção à sua saúde.

OBALUAÊ, *fechado:* algum problema de saúde do consulente requer a ajuda de um especialista. Pode ocorrer uma cirurgia rapidamente.

OSSAIM, *aberto:* o consulente deve fazer uma reeducação alimentar. Se puder, tente optar pelo vegetarianismo. Essa casa indica a vida mais saudável.

OSSAIM, *fechado:* por conta de uma vida atribulada com altos e baixos, recomenda-se cautela no período.

OXUMARÉ, *aberto:* possíveis problemas de estresse por conta de uma vida agitada, por isso, pondere. Um exame de vista é indicado.

OXUMARÉ, *fechado:* dê mais valor aos sentimentos dos mais próximos, você pode estar agindo de modo egoísta.

EWÁ, *aberto:* por falta de diálogo, pode ocorrer um desgaste na relação afetiva, por isso, dê o primeiro passo para uma melhor convivência. Nessa casa pede-se para verificar dores nas pernas (do consulente ou alguém do sexo feminino na família).

EWÁ, *fechado:* reveja seu relacionamento. O parceiro está muito triste e desmotivado.

OXALÁ, *aberto:* momento de amadurecimento e capacidade intelectual. Responsabilidade.

OXALÁ, *fechado:* o consulente deve falar sem medo de julgamento. Não se preocupe com o que os outros dizem. Na saúde, verificar a pressão arterial e dores de cabeça.

Cantando para Ossaim

O olhador saúda o Orixá com a expressão *Eu, eù assa!* e dá prosseguimento à leitura. Se o búzio cair na argola de:

Exu, *aberto:* o consulente está em equilíbrio. Esse aspecto prevê também a proteção espiritual.

Exu, *fechado:* mostre mais segurança. Você deve se sentir como uma fortaleza e não deixar que terceiros o julguem.

Ogum, *aberto:* você vai vencer mais essa luta, confie!

Ogum, *fechado:* o consulente precisa de "espaço" para crescer. Talvez exista falta de compreensão na família.

Oxóssi, *aberto:* o consulente sempre diz a verdade e as pessoas percebem a sinceridade em suas palavras.

Oxóssi, *fechado:* cuidado com o que diz, pois pode ser mal interpretado. Não conte sobre sua vida íntima a ninguém.

Xangô, *aberto:* as finanças ficarão melhores, o período pressagia equilíbrio.

Xangô, *fechado:* pode estar faltando ambição na vida do consulente. Fuja da rotina.

Iansã, *aberto:* o consulente está apto para conquistar coisas novas, portanto, enfrente seus medos de cabeça erguida.

Iansã, *fechado:* não espere do outro o que você precisa realizar. Não culpe o destino por seus problemas. Tenha uma atitude mais madura.

Oxum, *aberto:* o consulente é querido pelos familiares, relação equilibrada.

Oxum, *fechado:* as pessoas estão abusando da boa vontade do consulente, por isso ele está muito nervoso e esgotado.

OBÁ, *aberto:* integridade e honestidade são aspectos importantes na vida do consulente.

OBÁ, *fechado:* você anda ajudando demais outras pessoas. Elas precisam? Aprenda a dizer não.

LOGUN-EDÉ, *aberto:* o consulente deseja ter uma vida pacificada e que todos também possam viver serenamente.

LOGUN-EDÉ, *fechado:* período difícil. O consulente está carente, mas essa fase rapidamente irá terminar.

IEMANJÁ, *aberto:* bom momento para abrir a mente, pesquisar, estudar, aprender novas matérias e viajar.

IEMANJÁ, *fechado:* não tenha medo de sair da rotina. O sucesso está assegurado. Se pensar em viajar, tudo vai dar certo.

NANÃ, *aberto:* bom momento para começar a guardar dinheiro. Certamente irá precisar para comprar algo que tanto deseja.

NANÃ, *fechado:* o período requer cuidados. Não financie ou faça compras a longo prazo, pois corre o risco de não conseguir quitar.

IBEJI, *aberto:* você obterá as respostas às suas dúvidas. Boas novidades. Se o consulente tem filhos adolescentes, vive um momento de equilíbrio e alegria.

IBEJI, *fechado:* deixe de ser imaturo. Você não está agindo de modo correto.

OBALUAÊ, *aberto:* qualquer mudança alimentar é bem-vinda. Frutas e legumes são recomendados.

OBALUAÊ, *fechado:* o consulente deve evitar a ingestão de remédios alopáticos. Risco de dependência.

OSSAIM, *aberto:* momento de pleno equilíbrio. Vida em ordem.

OSSAIM, *fechado:* ele vivencia momentos desagradáveis, mas essa fase é passageira. Se possível, faça uma viagem para um local que tenha muito "verde" para restaurar sua energia.

OxUMARÉ, *aberto:* momento em que o consulente será reconhecido por chefes e superiores.

OxUMARÉ, *fechado:* gastos excessivos no período. Veja se precisa realmente de tudo o que pode está comprando.

Ewá, *aberto:* casamento ou namoro serão beneficiados no período.

Ewá, *fechado:* as pessoas podem estar se afastando do consulente. Reformule seu modo de pensar.

Oxalá, *aberto:* paz, plenitude e equilíbrio.

Oxalá, *fechado:* cuidado com suas críticas. Você pode estar agindo de modo egoísta.

Cantando para Oxumaré

O olhador saúda o Orixá com a expressão *Arruboboi!* e dá prosseguimento à leitura. Se o búzio cair na argola de:

Exu, *aberto:* acontecimentos rápidos na vida do consulente.

Exu, *fechado:* pode ocorrer uma separação ou uma traição.

Ogum, *aberto:* tudo será resolvido com facilidade. A aquisição de um bem (carro) é favorecida no período.

Ogum, *fechado:* o consulente deve tomar cuidado com a segurança em sua casa. Atenção ao usar seu veículo.

Oxóssi, *aberto:* essa caída prevê uma mudança de estilo de vida.

Oxóssi, *fechado:* se você está pensando em seu mudar, pesquise com calma antes de tomar uma decisão tão séria. Pondere os prós e contras.

Xangô, *aberto:* melhora financeira, promoção. Possibilidade de ganhos em jogos de loteria.

Xangô, *fechado:* contenha-se em relação aos seus gastos. Você pode ter prejuízos financeiros.

Iansã, *aberto:* Se você pensa em ampliar sua casa, seus negócios ou investir em algo que vale a pena, esse é o momento certo. Aqui também são favorecidas as viagens.

Iansã, *fechado:* possibilidade de descobrir falsos amigos, Traições, mal-entendidos, fofocas.

Oxum, *aberto:* se for solteiro, o consulente estará propenso a conhecer uma pessoa agradável (nesse aspecto diz que ela deve ter passado por um casamento).

Oxum, *fechado:* evite cobranças excessivas ou ciúme exagerado.

Obá, *aberto:* as preocupações serão sanadas rapidamente.

Obá, *fechado:* cuidado com a ambição desmedida.

Logun-Edé, *aberto:* popularidade e vantagens favorecidas. A sorte está ao seu lado.

Logun-Edé, *fechado:* se alguém o magoou, não revide, não vale a pena. Você irá superar.

Iemanjá, *aberto:* se está pensando em sair da cidade onde reside, é um bom momento.

Iemanjá, *fechado:* cuidado com a inquietação. Não tome decisões precipitadas. Isso pode causar prejuízos financeiros à sua família.

Nanã, *aberto:* comece a guardar dinheiro. Brevemente você irá precisar. Momento pressagia tranquilidade.

Nanã, *fechado:* essa caída significa cautela. Confie apenas nas pessoas mais experientes. Não peça opinião a todos.

Ibeji, *aberto:* o consulente terá seu valor reconhecido. Se alguém em sua família está pensando em engravidar, acontecerá rapidamente.

Ibeji, *fechado:* guarde as boas ideias para si. Risco de ter seus projetos alterados ou roubados.

Obaluaê, *aberto:* problemas de saúde e gastos em exames médicos. O momento pede cautela.

Obaluaê, *fechado:* se o consulente passou por algum problema de saúde, deve fazer exames para assegurar que tudo esteja bem.

Ossaim, *aberto:* o consulente vive em harmonia espiritual e pode contar com a proteção dos Orixás.

Ossaim, *fechado:* o consulente deve se esforçar mais para adquirir uma nova perspectiva na vida.

Oxumaré, *aberto:* uma oportunidade muito boa está prestes a surgir. Você saberá reconhecê-la.

Oxumaré, *fechado:* não recuse a oferta de trabalho que chegará ao seu conhecimento. Aceite e não perca essa oportunidade.

Ewá, *aberto:* essa caída indica uma legalização, regularização de pendências jurídicas, financeiras. Colocando as contas em ordem.

Ewá, *fechado:* não faça as coisas isoladamente. É importante interagir, trocar ideias.

Oxalá, *aberto:* momento excelente para voltar a estudar.

Oxalá, *fechado:* não se mostre impaciente ou irritado por qualquer coisa. Tente conviver de modo mais harmônico com sua família ou com seus colegas de trabalho.

Cantando para Ewá

O olhador saúda o Orixá com a expressão *Rinró!* e dá prosseguimento à leitura. Se o búzio cair na argola de:

Exu, *aberto:* o consulente irá viver uma fase excelente e poderá surgir o convite para uma parceria. Sucesso e contentamento. Caso o consulente esteja namorando, essa caída representa o casamento.

Exu, *fechado:* o consulente pode viver alguns momentos de reserva, o que é bom. Conte apenas consigo mesmo.

Ogum, *aberto:* possibilidade de financiar um bem (pode ser imóvel). Caso o consulente esteja desempregado, indica um trabalho remunerado. Essa caída também revela "caminhos abertos".

Ogum, *fechado:* brigas e discussões. Uso de palavras verbalmente agressivas. Fique calmo.

Oxóssi, *aberto:* tente interagir com outras pessoas. Momento de fazer novos amigos.

Oxóssi, *fechado:* não conte com o auxílio dos mais próximos. Você ficará triste pela ausência de ajuda.

Xangô, *aberto:* favorecidos os aspectos profissional e financeiro. Nessa caída, indica a possibilidade de ganho em todos os tipos de jogos.

Xangô, *fechado:* a falta de diálogo com o cônjuge ou namorado pode acarretar brigas. Pondere.

Iansã, *aberto:* harmonia no casamento, período de otimismo. Os caminhos estão abertos. Seja feliz. Bom momento familiar.

Iansã, *fechado:* cuidado com a amizade das pessoas, elas não são tão sinceras quanto dizem. Risco de má interpretação.

Oxum, *aberto:* bom momento na vida sentimental. Namoro, casamento.

Oxum, *fechado:* interferência na relação amorosa tanto por parte da mãe ou da sogra.

Obá, *aberto:* as tensões serão sanadas. Não ficará tão preocupado com a falta de recurso financeiro.

Obá, *fechado:* deixe de lado o pessimismo. Não veja as coisas piores do que estão para não ficarem mais difíceis.

Logun-Edé, *aberto:* momento de alegria na vida amorosa.

Logun-Edé, *fechado:* você deve estar se sentindo cobrado e julgado. Talvez os planos de uma viagem não sejam tão satisfatórios.

Iemanjá, *aberto:* essa caída indica uma viagem bem-sucedida para outra cidade ou exterior.

Iemanjá, *fechado:* é provável que o casal esteja brigando ou se separando. Se está pensando em viajar, não é um bom momento.

Nanã, *aberto:* guarde seu dinheiro. Momento de poupar.

Nanã, *fechado:* não faça empréstimos ou peça ajuda financeira para ninguém. Espere, pois tudo irá melhorar.

Ibeji, *aberto:* convite para festas e eventos.

Ibeji, *fechado:* falta de diálogo entre pais e filhos.

Obaluaê, *aberto:* a caída indica um período estressante e desgastante na vida do consulente.

Obaluaê, *fechado:* seu ritmo de trabalho está sendo excessivo, calma, tenha mais momentos de lazer para não se estafar.

Ossaim, *aberto:* período de equilíbrio no lar.

Ossaim, *fechado:* momento sem grandes novidades.

Oxumaré, *aberto:* se está solteiro, é provável que conheça alguém bem interessante.

Oxumaré, *fechado:* risco de traição.

Ewá, *aberto:* casamento harmonioso.

Ewá, *fechado:* não deixe quem você ama em segundo plano. Risco de perda de afeto.

Oxalá, *aberto:* paz e êxito em seus caminhos.

Oxalá, *fechado:* você vai conseguir colocar sua vida em ordem. Um passo de cada vez.

Cantando para Iemanjá

O olhador saúda o Orixá com a expressão *Ô doía!* e dá prosseguimento à leitura. Se o búzio cair na argola de:

Exu, *aberto:* possibilidade de uma viagem (ou até mesmo se mudar para outra cidade ou Estado). O destino prevê uma adaptação favorável.

Exu, *fechado:* fique mais atento aos detalhes. Assuma suas responsabilidades. Aja de modo maduro.

Ogum, *aberto:* período favorável para fazer uma reforma, construir ou adquirir um imóvel no litoral.

Ogum, *fechado:* deixe de ser tão crítico com os mais próximos. Cada um faz o que pode e, mesmo assim, você pode estar agindo de modo inadequado.

Oxóssi, *aberto:* o consulente poderá contar com a ajuda de uma mulher mais sábia e madura (ou da própria mãe), além de aproveitar as oportunidades que surgirão com essa parceria.

Oxóssi, *fechado:* para dar prosseguimento aos seus projetos, não se isole. Tenha uma postura cordial com os mais próximos, especialmente com seus familiares (mãe).

Xangô, *aberto:* sucesso na sua profissão. Se você mora em uma cidade litorânea e tem o próprio negócio, indica expansão profissional.

Xangô, *fechado:* não fique angustiado caso esteja vivenciando um momento financeiro tenso. É apenas uma fase que em breve irá terminar.

Iansã, *aberto:* o momento é indicado para transferência de setor ou promoção aguardada há muito tempo. Caso você trabalhe com algo relacionado à importação e exportação, o momento é muito propício.

IANSÃ, *fechado:* o momento é indicado para você se aperfeiçoar, fazer mais cursos e extensões educacionais que irão beneficiá-lo na carreira.

OXUM, *aberto:* bom momento com a família e com sua mãe, que merece um pouco mais de atenção.

OXUM, *fechado:* a vida do consulente deve estar muito rotineira e monótona. Provavelmente está sozinho e sentindo falta de namorar.

OBÁ, *aberto:* não há motivo para preocupações; a família é muito importante para o consulente.

OBÁ, *fechado:* deixe de ser tão perfeccionista e crítico para não sofrer; você pode estar afastando as pessoas da sua vida.

LOGUN-EDÉ, *aberto:* o consulente tem um enorme talento artístico (escrita, música, teatro ou dança); deveria estudar ou praticar com mais carinho.

LOGUN-EDÉ, *fechado:* cuidado com o pessimismo que pode estragar seus planos. Isso pode fazer com que a sorte se afaste de você.

IEMANJÁ, *aberto:* bom momento para conhecer pessoas e fazer novas amizades. É possível que faça uma viagem muito agradável.

IEMANJÁ, *fechado:* não deixe que um parente (irmã mais velha, mãe ou avó) dê palpites ou diga o que tem que fazer na sua vida.

NANÃ, *aberto:* vida doméstica tranquila. Nesta casa, indica o amor e a preocupação com os membros mais velhos da sua família.

Nanã, *fechado:* não negue ajuda a alguém mais velho da sua família (principalmente ajuda financeira).

Ibeji, *aberto:* notícia de gravidez. Se o consulente não tem referência a esse fato, indica boas notícias a caminho.

Ibeji, *fechado:* não se isole das pessoas e tente ser mais jovial, descontraído.

Obaluaê, *aberto:* você vivencia um momento de muito estresse. Viagens são aconselháveis nesse período.

Obaluaê, *fechado:* pode estar com os nervos à flor da pele; cuidado para não descarregar nas pessoas que gostam de você.

Ossaim, *aberto:* bom período para o consulente, vida tranquila.

Ossaim, *fechado:* você tenta preencher um vazio e ainda não compreendeu que essa satisfação é mais interna do que externa. O momento é aconselhável para a realização de cursos, palestras ou para ler um livro que expanda seus horizontes.

Oxumaré, *aberto:* momento muito favorecido para o consulente. Melhora financeira.

Oxumaré, *fechado:* cuidado para não tirar proveito das pessoas que se mostram boas a você.

Ewá, *aberto:* se o consulente for solteiro e estiver em busca de seu par, poderá encontrá-lo em uma cidade litorânea ou no exterior.

Ewá, *fechado:* cuidado com o orgulho e achar que é sabedor de tudo, com o risco de humilhar alguém próximo (mãe).

Oxalá, *aberto:* estudos favorecidos (inclui doutorado, mestrado).

Oxalá, *fechado:* obter conhecimento é um bom começo para transformar seu universo interior.

Cantando para Oxalá

O olhador saúda o Orixá com a expressão *Epa Babá!* e dá prosseguimento à leitura. Se o búzio cair na argola de:

Exu, *aberto:* o consulente está em harmonia. O momento pressagia tranquilidade e boas realizações.

Exu, *fechado:* cuidado com a ansiedade. Você pode prejudicar seus planos. Tudo irá se realizar, mas tenha calma.

Ogum, *aberto:* bom momento para reformar, comprar e vender. Essa caída favorece todos os assuntos relacionados aos estudos (doutorado, mestrado, estudos no exterior, etc.).

Ogum, *fechado:* motive-se mais. Se você está passando por um período tenso, acredite que tempos melhores virão. Empenhe-se nos estudos.

Oxóssi, *aberto:* a natureza do consulente é reservada, introspectiva. Pode escrever bem e até mesmo publicar um livro.

Oxóssi, *fechado:* o consulente tem dificuldade para se comunicar ou expressar seus sentimentos. Caso exista a possibilidade de voltar a estudar, faça o quanto antes. Talvez você esteja estudando para prestar concursos públicos.

Xangô, *aberto:* o consulente é uma pessoa que usa seu dinheiro de modo regrado. Provavelmente é um bom poupador.

Xangô, *fechado:* o consulente não sabe cobrar o que é devido. É preciso lembrar que o valor que se estipula é o justo. Ele precisa se valorizar mais.

Iansã, *aberto:* o futuro do consulente está assegurado. Essa caída promove as viagens (também internacionais) de estudo.

Iansã, *fechado:* cuidado com a impulsividade. Mantenha-se calmo.

Oxum, *aberto:* casamento e união estável. Bom momento em família.

Oxum, *fechado:* procure alguma distração, saia um pouco mais de casa. Ficar apenas na frente do computador é muito limitante.

Obá, *aberto:* talvez o consulente esteja com certa dificuldade para aprender determinada matéria (ou um dos seus filhos).

Obá, *fechado:* o consulente precisa ter mais senso de responsabilidade. Pode estar perdendo o respeito das pessoas mais próximas. Não aja com imaturidade.

Logun-Edé, *aberto:* novos horizontes, bom momento para os estudos, amizades e relacionamentos.

Logun-Edé, *fechado:* a falta de confiança pode ser prejudicial nesse momento.

Iemanjá, *aberto:* se está pensando em viajar, o momento é excelente. Tranquilidade e harmonia.

Iemanjá, *fechado:* você sente que precisa de mais espaço, de liberdade. Mude seu comportamento, exponha suas dúvidas e anseios aos seus familiares.

Nanã, *aberto:* o consulente apresenta maturidade. O aspecto financeiro está favorecido. Aplicações financeiras bem-sucedidas.

Nanã, *fechado:* pense no futuro com mais carinho. Não gaste em coisas fúteis. Guarde para seu futuro tranquilo.

Ibeji, *aberto:* um nascimento irá criar uma aura de paz e harmonia. Essa caída também representa o ambiente com a presença de animais domésticos.

Ibeji, *fechado:* dedique-se mais aos seus projetos.

OBALUAÊ, *aberto:* estresse e problemas de saúde podem ser alterados para melhor. Deixe de lado a ansiedade, a vontade de retrucar, o mal-entendido.

OBALUAÊ, *fechado:* seu potencial está sendo prejudicado por você mesmo, por conta da falta de motivação. Cuidados em relação à saúde de alguém mais velho na família.

OSSAIM, *aberto:* conte com a presença de amigos fiéis.

OSSAIM, *fechado:* alguém na família do consulente pode estar ingerindo bebida alcoólica. Essa caída pode representar risco à saúde por uso de algum tipo de medicamento.

OXUMARÉ, *aberto:* o consulente tem facilidade para estudar, aprimorar sua carreira ou nos estudos.

OXUMARÉ, *fechado:* tudo o que o consulente faz, não termina. Isso gera um círculo vicioso que deve ser corrigido.

EWÁ, *aberto:* associações, parcerias, relacionamentos e casamento: tudo harmonioso. Essa caída pode representar o apoio ou auxílio financeiro para o parceiro estudar.

EWÁ, *fechado:* o consulente deve acreditar mais na pessoa amada. As desconfianças devem ser deixadas de lado. Você será cobrado para ajudar mais financeiramente.

OXALÁ, *aberto:* a caída representa o reconhecimento, o ciclo completo e harmônico, os estudos e potenciais realizados. Gratificação, paz.

OXALÁ, *fechado:* seja mais humilde, deixe de lado a necessidade de magoar as pessoas mais próximas. Trate os outros da mesma maneira que gostaria de ser tratado. Tente viver pacificamente.

AS DEZ DÚVIDAS MAIS COMUNS

Durante as jogadas, algumas caídas podem surpreender o jogador iniciante. Por isso reuni algumas das dúvidas mais comuns a todos os principiantes para que possam utilizar o oráculo sem receio.

1. É possível ler os búzios sem estar envolvido com o culto, fazer os assentamentos ou prestar qualquer homenagem aos Orixás?

Sim, é possível. Por isso designei esse método como "Jogo de Búzios Esotérico". As sugestões apresentadas no livro buscam apenas colocar o olhador em contato com as forças da natureza de acordo com a tradição nigeriana, embora, aqui, adaptadas a uma realidade espiritualista. A prática que desenvolvi é realizada por pessoas em vários países, sem que elas tenham contato com a religião africana. Quanto às saudações, servem como um *mantra*, fazendo com que o olhador se concentre na figura mítica de cada Orixá, visualizando o arquétipo e suas características presentes na primeira parte do livro.

2. Como devem ser interpretados os búzios que caem fora da mandala de argolas?

Se caírem fechados, não devem ser considerados. Os abertos valem para a definição do Orixá que comanda o jogo. Por exemplo: 4 búzios abertos mais 1 fora e os outros 11 fechados, evidenciam a presença de Oxum. No transcorrer da leitura, 1 búzio aberto fora da mandala, se estiver próximo de uma das argolas, significa que aquele determinado Orixá está oferecendo proteção à leitura ou deseja comunicar algo em especial.

3. Existe algum dia ou horário mais favorável para ler búzios?

Para a tradição de quem é um olhador, o oráculo não deve ser consultado às segundas-feiras, dia que rege o recadeiro dos Orixás, Exu, e às sextas-feiras em homenagem e respeito a Oxalá. Como a proposta do livro é desmistificar e facilitar a leitura através de um método esotérico, considero possível a leitura em qualquer dia da semana, porém em horários em que ambos, consulente e olhador, estejam bem dispostos. Não recomendo a leitura realizada por (ou para) mulheres no seu período menstrual, pois essa fase simboliza uma limpeza energética que deve ser preservada.

4. Mulheres poder ser filhos de um Orixá masculino ou andrógino? (Vice-versa para os homens).

Claro que sim, devemos lembrar que os Orixás são "energia" e não têm sexo. Alguns ficam preocupados com a sexualidade, fato absolutamente injustificado.

5. Os pais/mães de santo costumam jogar os búzios incorporados por seus respectivos Orixás de cabeça?

Não, mas existem exceções. Segundo a tradição nigeriana, o transe não é aceitável. Tanto o consulente como o olhador devem estar conscientes, lúcidos. O uso de drogas também não é permitido. Alguns olhadores se utilizam de 256 *odus* sagrados. Porém, nesse livro, a proposta é realizar uma consulta mais simplificada, obtendo respostas igualmente corretas. Outro fato importante é que o olhador (que está acompanhando a leitura do livro), não corre o risco de ter uma incorporação, salvo se ele fizer parte dos cultos afro-brasileiros e permitir tal manifestação. Caso você venha a sentir alguma vibração (pode ocorrer uma sensação de frio ou suor excessivo nas mãos, neste caso, o olhador deve parar o jogo e relaxar para dispersar a vibração). Depois, tome um copo de água. Restabelecido o equilíbrio, o jogo pode seguir adiante.

6. O que fazer se, em uma caída, um búzio fica exatamente sobre o outro?

Se o búzio cai aberto sobre o outro, significa uma mensagem associada provavelmente à ascensão profissional, ao encontro de alguém que será importante na vida do consulente entre outros. Se um búzio cai fechado sobre um aberto, o significado é negativo (algo ou alguém pode estar bloqueando a energia do consulente). Há ainda a possibilidade de o búzio cair de lado nem aberto nem fechado. Neste caso, interpreto a resposta como "carma". Se o consulente perguntar: "Por que estou com determinada doença?" ou "Por que me casei com uma pessoa tão incompreensiva?", a resposta seria uma só: regaste cármico de vidas pregressas.

7. Como interpretar se, numa mesma argola, cair um búzio aberto e outro fechado?

Simplesmente retire o fechado e considere o aberto. Continue a jogada normalmente.

8. Quando um búzio cai aberto dentro da argola e outro bem próximo dela, qual a melhor interpretação para a caída?

A resposta mais enfática, a mais importante é sempre do búzio que cai aberto dentro da argola. Isso não significa que o outro deva ser desconsiderado (ele está reforçando ainda mais o *axé* daquela jogada).

9. O que vale mais na leitura: a ponta de um búzio aberto posicionada em direção a uma argola ou sua proximidade em relação a ela?

Na jogada que utiliza 4 búzios abertos, leva-se em conta a proximidade mais do que a ponta. Na jogada de 16, vale observar para onde o búzio aberto está apontando. Eu diria que a proximidade é sempre o principal fator para avaliação, mas a direção indicada pela ponta também pode ser considerada. Principalmente quando a ponta está posicionada entre duas argolas, pois significa que os dois Orixás querem dizer alguma coisa.

10. Os búzios são capazes de apontar casos de doença ou morte em família, traição do cônjuge, ganhos de loteria e outras curiosidades comuns às pessoas?

Certas jogadas são características, mas devem sempre ser confirmadas. Em relação à doença grave ou morte, ao jogar os 16 búzios abertos para saber quem comanda o jogo, provavelmente cairão 13 búzios abertos e três fechados, representando Obaluaê. Ganhos com jogos são representados por Oxumaré, na caída de 14 búzios abertos e 2 fechados. Casos de traição são apontados por Ewá, 14 abertos e 2 fechados. Deve-se repetir a jogada pelo menos mais uma vez para confirmar sempre quando se trata de um assunto dessa importância. Os casos de morte só são detectados quando o processo pode ser interrompido, para que o olhador faça um alerta. Entende-se que, quando realmente chega a hora de uma pessoa, os oráculos não podem e não estão autorizados a avisar para que o destino não seja alterado. Porém sempre enfatizo o bom senso para que se evite falar sobre tais temas durante a consulta.

Glossário

Neste glossário, adotamos a forma aportuguesada de alguns termos de origem iorubana:

Abebê: espelho usado por Oxum e Iemanjá.

Abelê: leque usado por Oxum.

Abiã: pessoa que está nascendo para o culto.

Abô: banho de proteção feito de ervas litúrgicas para o culto, concedido ao iniciado.

Adjá: sino de alumínio (ou cobre) de três bocas.

Adoxu: estado em que o iniciado já pode incorporar o Orixá.

Afejewe: início da raspagem do *iaô*.

Aisum: ritual a que o *iaô* se submete na véspera da cerimônia de iniciação que consiste em jejuar e passar a noite em claro.

Aladori: pano amarrado à cabeça.

Amorim: pano virgem.

Anlodo: caminhada ritualística do iniciado.

Assentamento: recipiente onde se assenta a força dinâmica do Orixá.

Axé: força invisível, mágica e sagrada.

Babalaô: (*baba* pai; *aô*, completo, tudo) "um pai para tudo".

Bori: cerimônia destinada a "reforçar a cabeça" do iniciante.

Brajá: colar de búzios com aparência de escamas de serpente utilizado por Oxumaré.

Búzios: conchas cônicas utilizadas para adivinhação.

Candomblé: "casa onde batem os pés." Seita afro-brasileira com centenas de adeptos no Brasil.

Cauris: búzios.

Contra-egum: trança feita de palha da costa que, amarrada no braço do *iaô*, tem a função de afastar os mortos.

Curas: espécie de tatuagens desenhadas na cabeça e em algumas partes do *elegum* no ritual de iniciação.

Dobale: tipo de reverência do iniciado quando o Orixá protetor é do sexo feminino.

Ebó: ritual destinado a afastar os elementos desordeiros indicados pelo desequilíbrio do iniciado.

Efum: espécie de giz branco utilizado no rito de iniciação para marcar o corpo do *elegum* e também nos assentamentos.

Egum, egungum: espírito de pessoa morta que retorna à Terra em certos rituais. Segundo a tradição, é uma espécie de Orixá individual que todo o ser humano tem; ele deve ser bem tratado, pois é um ancestral do *iaô*. Na África, o culto é proibido às mulheres. A *Iyagan* é a única sacerdotisa que pode participar do culto.

Ejé: sangue derramado na cerimônia de iniciação.

Elegum: eleito, preferido do Orixá.

Eni: esteira feita de uma palha trançada, onde os iniciados dormem até o complemento das obrigações.

Epó: azeite de dendê.

Erê: espírito de (ou sob a forma de) criança que prepara o *iaô* para receber seu Orixá.

Erukerê: rabo de cavalo usado pelos reis, característico de Oxóssi.

Feitura de santo: iniciação ou processo em que os duplos sobrenaturais dos elementos psíquicos da pessoa são fixados em um objeto simbólico e sua contraparte é fixada na cabeça do iniciado.

Ibá (Igbá): bacia utilizada na cerimônia de iniciação do *iaô-elegum*.

Ibiri: instrumento ritual de Nanã representado por um feixe de palitos de dendezeiro ornado com búzios.

Idés: pulseiras.

Ifé: vasto; cidade nigeriana, capital religiosa iorubana.

Igbim: espécie de caramujo.

Iká: tipo de reverência do iniciado do sexo masculino.

Ilá: som que o iniciado emite quando irradiado do Orixá para que as pessoas saibam que o *iaô* está possuído (irradiado).

Ifá: Orixá da adivinhação e do destino, mensageiro do Deus Criador. Espécie de oráculo que leva seu nome.

Igbo iku: floresta da morte.

Ilê: casa.

Irê: incisões feitas na cabeça do iniciado.

Iroko: árvore considerada sagrada pelos iorubanos.

Iruexim: instrumento ritualístico de Oxóssi, representado por um rabo de cavalo.

Iya kekerê: "braço direito" da mãe-de-santo.

Iyó: sal.

Juntó, ajuntó: conjunto de forças dos Orixás do *elegum*.

Kelê: colar de contas com as cores do Orixá.

Laguidibá: colar de Obaluaê feito de anéis de chifre de boi.

Laô-elegum: filho de santo.

Mãe de santo: na tradição nigeriana, pessoa apta a desvendar as respostas dos deuses através dos búzios. Também é o nome dado à pessoa que inicia e orienta o *iaô*.

Mariwô: tipo de fibra de palmeira usada na confecção da roupa de Obaluaê.

Nagôs: termo usado pelos franceses para designar os escravos que falavam o dialeto iorubá.

Obatalá: "Deus do branco" que preside a cerimônia do *efum*. Criador dos seres humanos. Variante de Oxalá.

Obi: fruto de uma palmeira africana, usado no Candomblé na adivinhação ou como oferenda aos Orixás.

Odu: caída dos búzios, resultado da jogada.

Ofá: arco e flecha, instrumento-símbolo de Oxóssi e Logun-Edé.

Oga: camaleão.

Ogã: padrinho do culto africano ou brasileiro. Pessoa que toca os atabaques sagrados (apenas os homens são *ogãs*).

Okun: mar.

Olhador: quem lê os búzios.

Olodumaré: um dos nomes do Deus Supremo.

Olofim, Olofim-Oduduwa: um dos nomes do Deus Supremo.

Olokun: (*okun*, mar) deusa do Oceano, esposa de Oduduwa.

Opaxorô (*paxorô*): espécie de cajado utilizado por Oxalufã.

Opelé-Ifá: tipo de colar aberto usado para adivinhação.

Orixá de cabeça: o principal Orixá da pessoa.

Orukó: cerimônia de proclamação do nome.

Orum: céu.

Orumilá: (*Orum*, Céu; *Alá*, branco) Deus do Céu, Deus Supremo.

Osum: tipo de tinta derivada do urucum.

Otá: pedra sagrada que contém parte do *axé* do Orixá.

Oti: pinga, cachaça.

Oxaguiã: forma jovem e guerreira de Oxalá.

Oxalufã: forma velha de Oxalá.

Oxé: machado de duas lâminas de pedra usado por Xangô.

Oxetuá: búzio fechado. O nome deriva do Orixá de mesmo nome, filho de Oxum e de Orumilá, uma qualidade de Exu (mensageiro).

Oxum Okê: variante guerreira de Oxum.

Pai-de-santo: ver mãe-de-santo.

Paô: batidas de mãos ritmadas.

Paxorô (*opaxorô*): espécie de cajado utilizado por Oxalufã.

Peji: altar.

Quizila: recusa de uma oferenda por um Orixá.

Ronkó: nome do quarto onde o iniciado permanece sem contato com o mundo profano até o término da sua iniciação. No *ronkó* também estão os quartos dos santos e os assentamentos dos Orixás.

Sacudimento: ritual de limpeza.

Terreiro: lugar destinado ao culto dos Orixás onde os adeptos cultuam seus deuses pessoais através de danças ritualísticas.

Umbanda: forma cultual originada da assimilação de elementos religiosos afro-brasileiros e do espiritismo brasileiro urbano. Nasceu do sincretismo de cultos da nação africana e indígena, além do catolicismo. O umbandista é o frequentador desta religião.

Viração: incorporação.

Waje: cerimônia onde a cabeça do *elegum* é pintada de azul-anil.

Xaxará: espécie de vassoura de Obaluaê feita de folhas de palmeira, decorada com búzios.

Zelador de santo, zeladora de santo: ver pai-de-santo, mãe-de--santo (o mesmo que *ialorixá*).

Bibliografia

A. A., Gromiko. *As religiões da África*. Edições Progresso, Moscou, 1987.

Aiyemi, Ajibola. *Yorubá para Brasileiros*. Edições Populares, 1984.

Altuna, Pe. Raul Ruiz de Asúa. *Cultura Tradicional Banto*. Edição do Secretariado Arquidiocesano de Pastoral, Angola, 1985.

Amos, Paula Bem. *The Art of Benin*. Editora Thames & Hudson, USA, 1980.

Areia, M. L. Rodrigues. *Les Simboles Divinatoires*. Instituto de Antropologia, Portugal, 1985.

Argon, Maria de Fátima (org.). *Catálogo, manuscritos relativos à escravidão*. Edição da Fundação Pró-Memória, 1990.

Bastide, Roger. *Estudos Afro-brasileiros*. Editora Perspectiva, 1983.

Bastide, Roger. *Sociologia*. Editora Ática, 1983.

Bulfinch, Thomas. *O Livro de Ouro da Mitologia*. Editora Ediouro, 1998.

Buonfiglio, Monica. *Anjos Conspiradores*. Editora Oficina dos Anjos, 1999.

_____. *Proteção – relatos de histórias vividas*. Editora Oficina Cultural Monica Buonfiglio, 1997.

_____. *Os Santos, suas histórias e orações*. Editora Oficina dos Anjos, 2000.

Carneiro, Edson. *Candomblés da Bahia*. Editora Civilização Brasileira, 1978.

Chevalier, Jean e Gheerbrant, Alain. *Dicionário de Símbolos*. Editora José Olympio, 1988.

Chinoy, Ely. Sociedade – *Uma Introdução à Sociologia*. Editora Cultrix, 1980.

Dethlefsen, Thorwald. *Édipo, o solucionador de enigmas*. Editora Cultrix, 1993.

Didi, Mestre (Deoscóredes Maximiliano dos Santos). *História de um Terreiro Nagô*. Max Limonad, 1988.

Egydio, Sylvia. *O Perfil do Aché Ilê Oba*. Edições Populares, 1980.

Eliade, Mircea. *Ferreiros e Alquimistas*. Editora Zahar, 1979.

Eyo, Ekpo e Willett, Frank. *Treasurts of Ancient Nigeria*. Ed. Founder Society Detroit Institute of Artes, USA, 1980.

Fatunmi, Awo. *Fa-lokun, Iwá-pélé, Ifá Quest*. Editora Original Publication, EUA, 1991.

Filho, Luís Viano. *O negro na Bahia*. Editora Nova Fronteira, 1988.

Kast, Verena. *Sísifo*. Editora Cultrix, 1992.

Larousse Cultural. Volume 15.

Lewis, Ioan M. *Êxtase Religioso*. Editora Perspectiva, 1971.

Lody, Raul Giovannini. *Pano da Costa*. Campanha de Defesa do Folclore Brasileiro, 1977.

Mattoso, Kátia de Queirós. *Ser escravo no Brasil*. Editora Brasiliense, 1988.

Moura, Carlos Eugenio Marcondes de (org.). *As senhoras do pássaro da noite*. Editora Edusp, 1994.

_____. *Bandeira do Alairá*. Editora Nobel, 1982.

_____. *Candomblé – Desvendando Identidades*. EMW Editores, 1987.

_____. *Meu Sinal está no teu Corpo*. Editora Edicon/Edusp, 1989.

_____ . *Oloorisá – Escritos Sobre a religião dos Orixás*. Editora Ágora, 1981.

Oliveira, Waldir Freitas e Lima, Vivaldo da Costa. *Cartas de Edson Carneiro a Arthur Ramos*. Editora Corrupio, 1987.

Parrinder, Geoffrey. *A África*. Editora Verbo, Portugal, 1982.

Planeta. *Candomblé e Umbanda*, 126-A. Editora Três.

_____. *Os Orixás*, 126-B. Editora Três.

Portugal, Fernandes. *Os Deuses Africanos na África e no Novo Mundo*. Centro de Estudos e Pesquisas de Cultura Yorubana, 1982.

Queirós, Kátia. *Ser Escravo no Brasil*. Editora Brasiliense, 1982.

Queiroz, Maria Isaura Pereira de. Roger Bastide. *Sociologia*. Editora Ática. 1983.

Ramos, Arthur. *As Culturas Negras do Novo Mundo*. Editora Brasiliana, 1979.

Rasche, Jorg. *Prometeu, a luta entre pai e filho*. Editora Cultrix, 1992.

Reis, João José. *Rebelião Escrava no Brasil*. Editora Brasiliense, 1986.

Ribeiro, José. *Jogo de Búzios*. Editora Espiritualista, 1970.

Rodrigues, Nina. *Os Africanos no Brasil*. Universidade de Brasília, 1982.

Santos, Juana Elbein dos. *Os Nagôs e a Morte*. Editora Vozes, 1984.

Silva, Maria Beatriz Nizza. *Cultura e sociedade no Rio de Janeiro* (1808 – 1821). Editora Brasiliana, 1978.

Valente, Waldemar. *Sincretismo Religioso Afro-Brasileiro*. Editora Brasiliana, 1977.

Varella, João Sebastião das Chagas. *Cozinha de Santo*. Editora Espiritualista, 1972.

Verger, Pierre Fatumbi e Carybé. *Lendas dos Orixás*. Editora Corrupio, 1985.

____. *Fluxo e Refluxo*. Editora Corrupio, 1987.

____. *Orixás*. Editora Corrupio, 1982.

Viana Filho, Luís. *O Negro na Bahia*. Editora Nova Fronteira, 1988.

Willett, Frank. *African Art*. Editora Thames & Hudson, 1976.

Índice das Imagens

Imagem página 11: Enfeite – Cabeça da deusa Oxum, 1710. The Art of Benin, Paula Bem-Amos.

Imagem página 33: Festa de Oxalufã, procissão dos Orixás. Carybé (1911-1997).

As demais imagens presentes no livro foram feitas pelo ilustrador Marcio Heider.